KBS 황금레시피 플러스

1판 2쇄 발행 2021년 1월 20일

지은이   KBS 〈2TV 생생정보〉 제작팀
펴낸이   김선숙, 이돈희
펴낸곳   그리고책(주식회사 이밥차)

주소   서울시 서대문구 연희로 192 4층(연희동, 이밥차빌딩)
대표전화   02-717-5486~7   팩스 02-717-5427
이메일   editor@andbooks.co.kr
홈페이지   www.andbooks.co.kr
출판등록   2003년 4월 4일 제10-2621호

기획·자료제공   KBS 〈2TV생생정보〉 제작팀

본부장   이정순
편집 책임   박은식
편집 진행   홍상현
요리 진행   이밥차 요리연구소
마케팅   백수진, 임정섭
영업   이교준
경영지원   원희주
교열   김혜정
푸드 스타일링   푸드북 945
포토그래퍼   그래픽스튜디오홀리 황도현
디자인   이성희

© 2021 KBS, 그리고책
ISBN 979-11-970531-1-5   13590

- All rights reserved. First edition printed 2020. Printed in Korea.
- 본 책자의 출판권은 KBS 미디어(주)를 통해 KBS와 저작권 계약을 맺은 (주)이밥차에 있습니다.
- 이 책을 무단 복사, 복제, 전재하는 것은 저작권법에 저촉됩니다.
- 값은 뒤표지에 있습니다. 잘못 만들어진 책은 바꾸어 드립니다.
- 책 내용 중 궁금한 사항이 있으시면 그리고책(02-717-5486, 이메일 tiz@andbooks.co.kr)로 문의해 주십시오.

 적은 재료와 비용으로 간단하지만
맛있게 음식을 만들 수 있어야 한다.

먼저 《KBS 황금레시피 플러스》가 출간될 수 있도록 매일 저녁, TV 앞에서 KBS 〈2TV 생생정보〉를 시청하며 〈황금레시피〉코너에 애정을 보내주신 여러분께 감사의 말씀을 드립니다.

지난 2016년 9월에 출간된 〈황금레시피〉는 전국의 내로라하는 맛집 레시피를 담아 큰 호응을 얻었습니다. 이후 다양한 아이디어가 더해져 유명 반찬가게의 요리 꿀팁, 대한민국 조리기능장 등 요리전문가가 알려주는 초간단 레시피까지 변화를 거듭해왔습니다. 그렇게 7년 동안 사랑받은 레시피 중 사시사철 유용하게 활용 가능한 음식의 레시피를 골라 이번 책에 담았습니다.

최근 〈황금레시피〉는 요리전문가가 전하는 '초간단 레시피' 콘셉트로 제작하고 있는데요. 방송 제작 시, 제작진이 가장 중요하게 생각하는 부분은 "적은 재료와 비용으로 간단하지만 맛있게 음식을 만들 수 있어야 한다"는 점입니다. 이를 위해 전문가와 상의하며 레시피를 거듭 수정하는 수고를 거치면서도 내가 주방에 서 있는 상황을 떠올리며 더 쉽고 편하게 만드는 방법에 집착(?)합니다.

이런 제작진의 수고가 부디 여러분의 식탁에서 빛나기를 바랍니다. 요.알.못 요리를 알지 못하는 인 분들에겐 자신감을 더하고 요리를 즐기는 분들에겐 잘 몰랐던 팁과 노하우를 전하는 데 〈황금레시피〉가 일조하기를 희망합니다.

- KBS 〈2TV 생생정보〉 제작진 드림

 누구에게나 꼭 필요한 정보만 드립니다.

KBS 〈2TV 생생정보〉에는 '한국인이 가장 많이 보는 저녁 정보 프로그램'이라는 타이틀에 맞게 방송 때마다 회자 되는 인기 코너가 있습니다.

〈미스터 Lee의 사진 한 컷, 대한민국〉, 〈이피디가 간다〉, 〈택시맛객〉 등의 장수 코너들인데요. 그중에서도 〈황금레시피〉는 2013년 7월에 처음 시작한 이후, 7년 동안 큰 사랑을 받아온 코너입니다.

1인 가구가 늘고 핵가족화되면서 남녀노소 누구나 주방에 설 일이 많아졌습니다. 특히 요즘은 코로나19로 인해 집에서 밥을 먹는 일이 많아진 만큼, 삼시세끼 때마다 메뉴 고민은 깊어지고 끼니때 마다 요리하는 게 힘들게 느껴지기도 합니다. 때문에 〈황금레시피〉의 노하우가 더욱 필요한 때가 아닌가 싶습니다.

맛집, 살림, 여행 등 KBS 〈2TV 생생정보〉에서 방송되는 수많은 정보 중에서도 특히 〈황금레시피〉에 시청자 분들이 관심을 가지시는 이유는 누구에게나 꼭 필요한 정보이기 때문입니다. 그리고 그 필요성을 알기에 제작진은 전 세대를 아우르는 음식부터 새롭게 뜨는 메뉴들까지 다양한 음식에 관심을 두고 파헤치고 있습니다.

부디 《KBS 황금레시피 플러스》가 여러분의 주방과 밥상에, 나아가 가정에 화목을 전해드리기를 바랍니다. 앞으로도 KBS 〈2TV 생생정보〉는 시청자 여러분의 일상에 꼭 필요한 생생한 정보를 찾기 위해 더욱 노력하겠습니다.

- KBS 〈2TV 생생정보〉 책임프로듀서 이제석 드림

맛집의 비법을 우리 집 식탁으로!

저녁 식사 시간이면 저절로 찾게 되는 KBS 〈2TV 생생정보〉! 밥을 먹으면서도 맛깔나는 음식 소개에 눈을 뗄 수 없을 정도죠. 단순한 레시피 소개를 넘어서 진정한 맛의 노하우만을 가감 없이 전하는 KBS 〈2TV 생생정보〉 덕에 시청자도 덩달아 미식가가 되는 건 덤이죠!

한국인의 입맛을 사로잡은 〈황금레시피〉가 독자 여러분의 큰 사랑에 힘입어 《KBS 황금레시피 플러스》로 돌아왔어요! 시간상 방송에서 못다 한 이야기와 황금 팁은 물론 맛집의 비법을 생생하게 전해드릴게요!

방송에서 보는 맛집의 레시피 따라 하고 싶었지만 막상 집에서 해보려니 엄두가 안 나셨다면 이번에도 이밥차가 도와드릴게요. 집에서도 쉽게 따라할 수 있도록 눈높이에 맞춘 밥숟가락 계량법과 복잡한 조리과정을 최소한으로 줄인 쉬운 레시피로 누구나 쉽고 맛있게 집에서도 맛집처럼 맛을 내보세요.

《KBS 황금레시피 플러스》는 방송에 소개된 음식 중에서도 집에서 손쉽게 따라할 수 있는 레시피만 엄선했어요. 하나의 요리로 최고의 맛을 내는 '일품요리' 평범한 한 끼도 맛집처럼 먹는 '찌개, 국, 밑반찬' 입맛 없는 날 확 당기는 '볶음요리' 손님상에 내어놓아도 부족함이 없는 '별미요리'까지 다양한 상황에 꼭 맞는 황금레시피로 맛있는 저녁이 있는 삶을 즐겨보세요!

- 이밥차 요리연구소

Contents

프롤로그 004
계량법 008
황금팁 010

PART 1
일품요리

매운등갈비찜 016
간장찜닭 020
아귀찜 024
서울식불고기 028
코다리찜 030
전복버터구이 034
만두전골 038
떡갈비 042
마포돼지갈비 046
단호박오리찜 050
LA갈비 054
돼지고기 김치말이찜 058
고등어 김치조림 062

PART 2
찌개, 국, 밑반찬

꽃게탕 068
무생채&무나물 072
파개장 076
소고기볶음고추장 080
북어콩나물국 082
간장새우 086
파김치 090
돼지고기장조림 094
깻잎장아찌 098
콩나물김칫국 100
명란달걀말이 104
짜글이찌개 106
김부각 108
만능생선무조림 112
만능콩나물찜 114
꼬막무침 116
차돌박이된장찌개 118
갈치조림 120
봄동겉절이&봄동된장무침 124

PART 3
볶음요리

잡채	130
참치김치볶음밥	134
소불고기	138
해물볶음면	142
순대볶음	146
고추잡채	150
고추장삼겹살	154
돼지고기두루치기	158
두부두루치기	162

PART 4
별미요리

육회	168
짜장	172
시래기밥	176
바지락술찜	180
메밀전	182
라볶이	184
메밀비빔국수	188
약밥&견과류강정	192
김치비빔국수	196
동지팥죽&팥칼국수	200
반숙 오므라이스	204
굴전	208
충무김밥	212
아보카도명란비빔밥	216
프렌치토스트&토스트	220
빈대떡	224
전복장	228
반숙달걀장	232
굴국밥	236
INDEX	240

계량법  밥숟가락으로 쉽게 계량하기

가루 분량 재기

설탕(1)
숟가락으로 수북이 떠서 위로 볼록하게 올라오도록 담아요.

설탕(0.5)
숟가락의 절반 정도만 볼록하게 담아요.

설탕(0.3)
숟가락의 $\frac{1}{3}$ 정도만 볼록하게 담아요.

다진 재료 분량 재기

다진 마늘(1)
숟가락으로 수북이 떠서 꼭꼭 담아요.

다진 마늘(0.5)
숟가락의 절반 정도만 꼭꼭 담아요.

다진 마늘(0.3)
숟가락의 $\frac{1}{3}$ 정도만 꼭꼭 담아요.

장류 분량 재기

고추장(1)
숟가락으로 가득 떠서 위로 볼록하게 올라오도록 담아요.

고추장(0.5)
숟가락의 절반 정도만 볼록하게 담아요.

고추장(0.3)
숟가락의 $\frac{1}{3}$ 정도만 볼록하게 담아요.

액체 분량 재기

간장(1)
숟가락 한가득 찰랑거리게 담아요.

간장(0.5)
숟가락의 가장자리가 보이도록 절반 정도만 담아요.

간장(0.3)
숟가락의 $\frac{1}{3}$ 정도만 담아요.

손으로 분량 재기

콩나물(1줌)
손으로 자연스럽게 한가득 쥐어요.

시금치(1줌)
손으로 자연스럽게 한가득 쥐어요.

국수(1줌=1인분)
500원 동전 굵기로 가볍게 쥐어요.

종이컵으로 분량 재기

육수 (1컵=180㎖)
종이컵에 가득 담아요.

육수 (1컵=90㎖)
종이컵의 절반만 담아요.

밀가루 (1컵=100g)
종이컵에 가득 담아 윗면을 깎아요.

다진 양파 (1컵=110g)
종이컵에 가득 담아 윗면을 깎아요.

아몬드($\frac{1}{2}$컵)
종이컵의 절반만 담아요.

멸치(1컵)
종이컵에 가득 담아요.

눈대중으로 분량 재기

애호박 ($\frac{1}{2}$개=100g)
양파 ($\frac{1}{4}$개=50g)
무 (1토막=150g)
당근 ($\frac{1}{2}$개=100g)
대파 흰 부분 (1대=10cm)
마늘(1쪽=5g)
생강(1톨=7g)
돼지고기 (1토막=200g)

'+'표시의 의미
양념장, 소스, 드레싱
음식을 만들기 전에 미리 섞어 놓으면 좋아요. 미리 섞어두면 숙성되면서 맛이 어우러져 더 깊은 맛을 내거든요.

그 외
약간은 소금, 후춧가루 등을 엄지와 검지로 살짝 집은 정도를 말해요.
필수 재료는 음식을 만들기 위해서 꼭 필요한 재료예요.
선택 재료는 있으면 좋지만 기본적인 맛을 내는 데는 크게 영향을 끼치지 않는 재료예요.
양념 다진 마늘, 간장, 고추장, 설탕 등 맛을 내기 위해 쓰이는 재료예요.

밑반찬 황금팁

무생채 & 무나물

절인 무로 조리하세요
절이지 않고 조리했을 경우에는 무가 익기도 전에 빨리 탈 수 있어요. 또한 조리 후 부서지기도 해요. 절여서 조리하면 무의 식감이 더 쫄깃하고 연한 질감을 낼 수 있어요. 특히 가을무를 볶으면 쓴맛이 날 수 있는데 절이면 이러한 쓴맛을 중화해주는 역할을 해요.

파김치

파김치 더 맛있게 먹는 법!
파김치는 실온에 하루 정도 두었다가 냉장실에 넣어서 보관하세요. 파김치가 익으면서 감칠맛이 살아나고 더 맛있게 먹을 수 있어요.

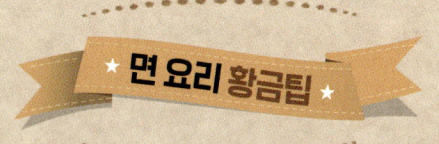

면 요리 황금팁

해물볶음면

면수를 넣고 볶으세요
면 삶은 물을 넣지 않고 조리하면 면의 수분이 날아가 뻑뻑해질 수 있어요. 면 삶은 물을 넣으면 면이 부드러워질 뿐 아니라 맛이 어우러지게 하고, 간이 더 빨리 배게 하는 역할도 해요.

메밀비빔국수

면을 삶을 때 소주를 넣으세요
끓는 물에 소주를 넣고 삶으면 소주가 단백질을 굳혀주는 역할을 해 탄력 있고 쫄깃쫄깃한 면발을 만들 수 있어요.

김치비빔국수

면 삶는 도중에 찬물을 넣어주세요
소면을 삶을 때 중간에 찬 물을 넣으면 면이 퍼지지 않아요. 쫄깃한 맛을 살리기 위해 찬물을 넣고 2분 정도 더 끓이세요.

011

고기 요리 황금팁

매운등갈비찜

핏물 빼기엔 설탕이 딱!

등갈비 핏물을 뺄 때 물에 설탕(2)을 넣어보세요. 설탕 속 수크라아제 성분이 피의 농도를 묽게 해줘요. 설탕 딱 두 숟가락이면 핏물을 빠르고 손쉽게 뺄 수 있어요.

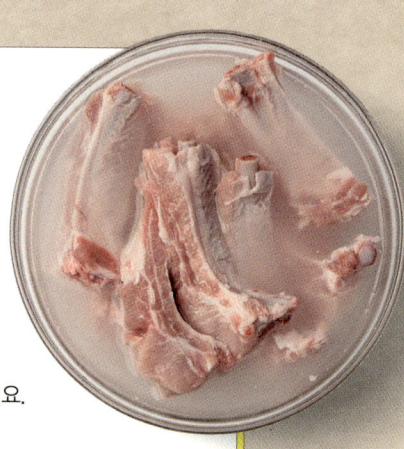

서울식불고기

맛간장에 물을 넣으세요

맛간장에 물을 넣으면 싱거울 것 같지만 염도가 낮아지면서 고기 양념이 훨씬 잘 스며들고 육질도 부드러워져요. 물을 넣지 않으면 삼투압 작용 때문에 육즙이 빠져 오히려 퍽퍽해진답니다.

떡갈비

다진 양파는 마지막에 넣어주세요

양파는 수분이 많아서 먼저 넣으면 떡갈비가 부스러져요. 수분 발생을 막기 위해 다진 양파는 마지막에 넣어주세요.

국물 요리 황금팁

파개장

고기 삶을 때는 물이 끓은 뒤 넣으세요
찬물에서 고기를 익히게 되면 고기가 뻣뻣해지고 육즙이 빠져나와 구수한 맛이 나지 않아요. 끓는 물에 고기를 삶아야 고기와 육수를 맛있게 먹을 수 있어요.

북어콩나물국

간은 새우젓으로 하세요
새우젓에는 아미노산이 있기 때문에 북어에 들어가면 감칠맛을 내고 소화가 잘되게 도와줘요. 간장보다 소금과 새우젓을 넣으면 맛있는 북엇국이 완성돼요.

콩나물김칫국

뚜껑은 열고 콩나물을 끓이세요
콩나물 뿌리에는 아스파라긴산이라는 단백질이 들어 있어 열을 가하면 비린내가 날 수 있어요. 콩나물을 끓일 때 뚜껑을 닫고 끓이면 식감이 흐물흐물하고 비린내가 날 수 있으니 뚜껑을 꼭 열고 팔팔 끓여주세요. 3분간 끓인 콩나물은 찬물에 헹구고 물기를 제거해야 탱탱한 콩나물을 맛볼 수 있어요.

PART 1
일품요리

01 매운등갈비찜

설탕물에 등갈비를 담가두면 설탕 속 성분이 피를 묽게 해주어 빠르게 핏물을 뺄 수 있어요.
쌀뜨물은 잡내를 잡아줄 뿐 아니라 고기를 부들부들하게 해준답니다.
압력솥에 넣어 조리할 때는 추가 돌고 나서 10분을 지켜주세요!

황금팁

#1 핏물 빼기엔 설탕이 딱!

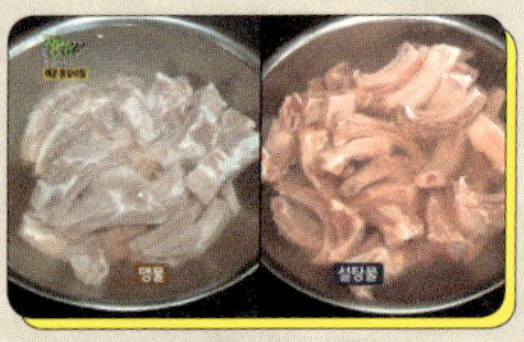

#2 잡내 해결사, 쌀뜨물

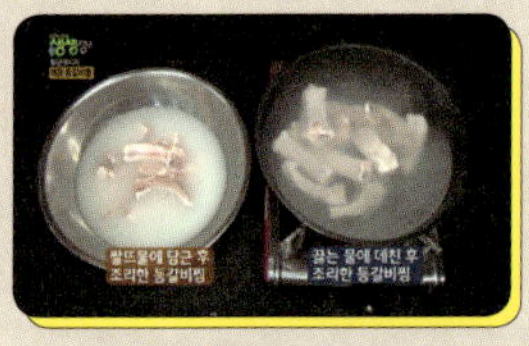

#3 카운트다운 10분!

4인분

필수 재료
- 돼지등갈비(1kg)

선택 재료
- 양파(1개)

양념
- 설탕(2)
- 고춧가루(4)
- 다진 마늘(0.5)
- 까나리액젓(1)

양념장 재료
- 배($\frac{1}{4}$개)
- 사과($\frac{1}{4}$개)
- 양파($\frac{1}{4}$개)
- 고춧가루(4)
- 후춧가루(약간)
- 간장(2)
- 소주(2)
- 매실액(1)
- 다진 마늘(1)
- 다진 생강(0.2)
- 고추장(2)
- 참기름(1)

NO. 01

"매운등갈비찜"

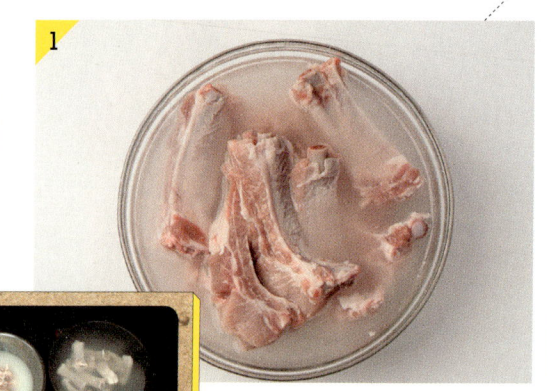

황금팁 1

핏물 빼기엔 설탕이 딱!

맛집에서는 등갈비 핏물을 뺄 때 물에 설탕을 두 숟갈 넣어요. 설탕 속 수크라아제 성분이 피의 농도를 묽게 해주기 때문이래요. 설탕 딱 2숟갈이면 핏물을 빠르고 손쉽게 뺄 수 있어요.

1 갈빗대를 잘라 설탕물(물2컵+설탕2)에 20분간 담가 핏물을 뺀 뒤 쌀뜨물에 10분간 담가두고,

황금팁 2

잡내 해결사, 쌀뜨물

핏물 제거부터 압력솥에 조리할 때, 팬에 옮겨 양념을 졸일 때까지 모든 단계에서 쌀뜨물이 필요해요. 10분간 쌀뜨물에 담가두면 잡내는 날아가고 고기는 부들부들, 간도 쏙쏙 더 잘 배요.

2 배와 사과는 껍질과 씨를 제거해 양파($\frac{1}{4}$개)와 함께 믹서에 간 뒤 나머지 양념장 재료와 함께 고루 섞고,

3 양파(1개)는 얇게 채 썰고,

4 손질된 등갈비는 양념장에 넣어 버무리고,

5 압력솥에 양념한 등갈비와 쌀뜨물(2컵)을 넣어 센 불로 올리고 압력솥 추가 돌기 시작하면 10분간 더 끓여 불을 끈 뒤 한 김 식히고,

황금팁 3

카운트다운 10분!
양념한 등갈비와 쌀뜨물을 압력솥에 넣고 센 불에 올려요. 압력솥 추가 돌기 시작하면 그때부터 정확히 10분을 지켜주는 게 포인트예요. 양념은 배어들고 고기는 연해지는 시간이랍니다.

6 오목한 팬에 익힌 등갈비와 쌀뜨물(2컵), 고춧가루(4), 다진 마늘(0.5), 까나리액젓(1)을 넣어 끓이고,

7 센 불로 올린 뒤 5분간 끓이면서 중간에 위에 뜬 기름을 제거하고,

기호에 따라 콩나물, 버섯, 단호박 등을 추가해도 좋아요.

그릇에 얇게 썬 양파를 바닥에 깔고 조리된 등갈비찜을 얹어 마무리.

02 간장찜닭

시중에서 파는 간장찜닭의 먹음직스러운 색은 노두유가 비결인데요.
집에서 만들 때는 커피와 콜라로 대체해보세요.
색은 물론 부드러운 육질과 감칠맛까지 더해준답니다.
압력솥에 닭고기와 함께 대파를 넣어 익히면 잡냄새 제거는 물론 풍미도 높여줘요.

★황금팁★

#1 커피와 콜라로 맛깔나게

#2 일찌감치 대파 투입

#3 맛이 깃드는 시간 5분!

#4 두 번 조리해 탱글한 당면

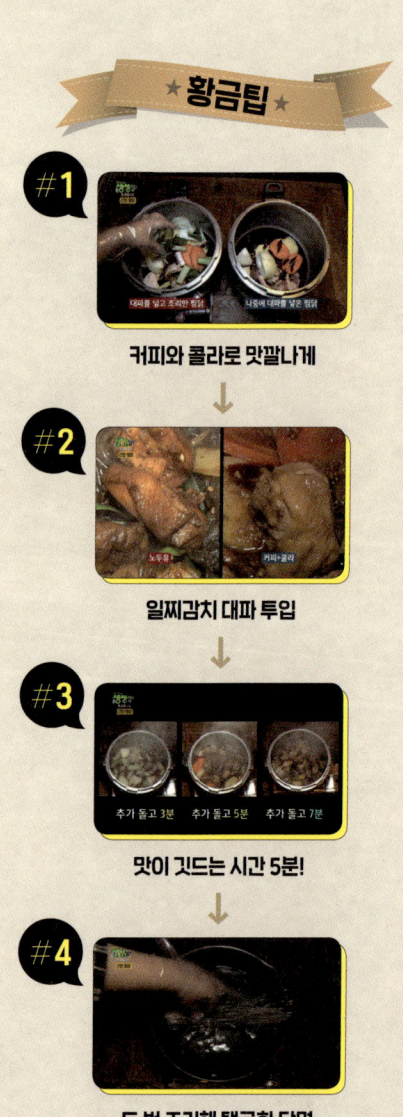

NO. 02

"간장찜닭"

필수 재료
- 감자(1개)
- 당면(1줄=100g)
- 마른 고추(5개)
- 양파($\frac{1}{2}$개)
- 대파($1\frac{1}{4}$대)
- 닭(볶음탕용 1마리=900g)

선택 재료
- 당근($\frac{1}{4}$개)

양념장
- 후춧가루(약간)
- 간장($\frac{1}{2}$컵)
- 물엿(1컵)
- 노두유(1)
- 다진 마늘(1)
- 다진 생강(0.3)

노두유는 커피(1)+콜라($\frac{1}{2}$컵)로 대체 가능해요.

감자는 1.5cm 두께로 썰어 찬물에 5분 정도 담가 놓고, 당면은 미지근한 물에 담가 30분 정도 불리고,

감자를 물에 담가두면 갈변 현상을 막을 수 있고 전분이 빠져서 감자에 양념이 더 잘 스며들어요. 당면은 팬에 넣고 3분간 끓여도 돼요.

물엿과 잘 섞어주세요.

양념장을 만들고,

황금팁 1
커피와 콜라로 맛깔나게

맛집에서는 먹음직스러운 색을 내기 위해 노두유를 사용했어요. 하지만 가정에서는 커피와 콜라로 충분히 대체 가능해요. 커피 1숟가락, 콜라 반 컵으로 닭의 냄새와 부드러운 육질을 만들어보아요.

마른 고추는 3cm 길이로 송송 썰고, 양파는 4등분하고, 대파(1대)는 반 갈라 5cm 길이로 썰고, 나머지($\frac{1}{4}$대)는 어슷 썰고, 당근은 모양대로 썰고,

4

압력솥에 손질된 닭, 길게 썬 대파와 손질한 채소와 양념장을 넣어 골고루 섞은 뒤 뚜껑을 닫아 센 불로 끓이고,

황금팁 2
일찌감치 대파 투입

보통 대파는 요리 맨 마지막에 넣지만 맛집에서는 압력솥에 대파를 함께 넣었어요. 파에 있는 황 성분이 닭에 스며들어 잡내와 닭의 비린 맛을 없애주고 기름기를 잡아줘요.

황금팁 3
맛이 깃드는 시간 5분

압력솥에 고기를 넣고 추가 돌고 면 5분만 기다리세요. 시간이 더 짧으면 맛도 덜할 뿐 아니라 색이 안 나고, 너무 길면 고기가 퍼석해져요. 압력으로 팽창된 닭고기 속에 양념이 들고, 뜸들이면서 양념이 배어들면 야들야들한 육질을 맛볼 수 있어요.

5

압력솥의 추가 움직이면 5분간 가열해 불을 끈 뒤 1분 30초간 뜸을 들여 김을 빼 뚜껑을 열고,

6

당면에 간이 잘 스며들도록 계속 저어주세요.

중간 불로 올려 양념이 끓어오르면 불린 당면을 넣어 1분간 끓인 뒤 어슷 썬 대파를 넣어 마무리.

황금팁 4
두 번 조리해 탱글한 당면

당면을 조리할 때는 충분히 불린 후 사용하는 게 제일 좋아요. 하지만 바로 사용을 해야 한다면 넓은 팬에 3분간 삶아주세요. 완전히 익히지 않아도 돼요. 한 번 익힌 당면을 찜닭에 넣어 버무리면 당면이 양념을 쭉 흡수해 완벽하게 조리돼요.

03 아귀찜

요새는 손질된 아귀를 쉽게 구할 수 있어 집에서도 충분히 아귀찜에 도전할 수 있답니다. 아귀의 아가미를 제거하고 아귀와 콩나물 데친 물도 한 번 버려주면 비린내 없이 깔끔한 아귀찜을 완성할 수 있어요. 콩나물은 굵은 것으로 준비해 씹는 맛을 살려주세요.

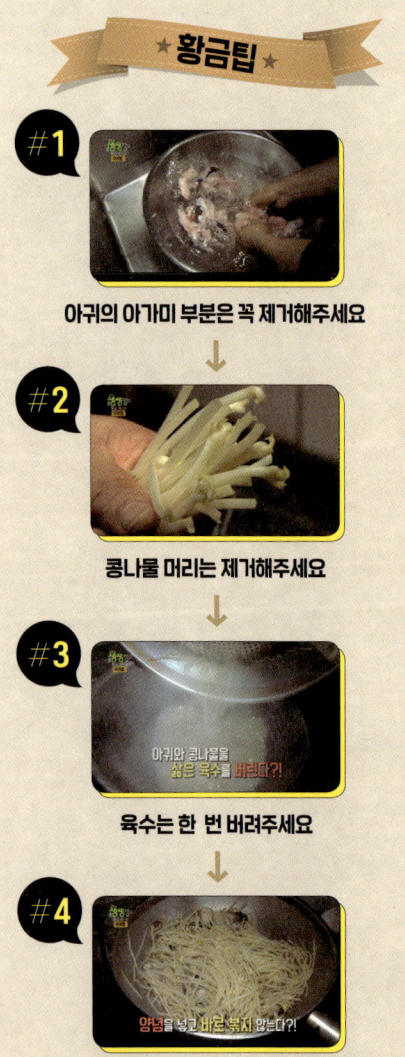

★ 황금팁 ★

#1 아귀의 아가미 부분은 꼭 제거해주세요

#2 콩나물 머리는 제거해주세요

#3 육수는 한 번 버려주세요

#4 양념장을 넣고 30초간 기다려주세요

"아귀찜"

NO. 03

4 인분

필수 재료
- 손질된 아귀(1kg)
- 오만둥이(20마리)
- 찜용 콩나물(1kg)
- 미나리(1줌=50g)

선택 재료
- 아귀 위(1컵)

육수 재료
- 다시마(15×15cm, 2장)
- 건새우(20마리)
- 대파 하얀 부분(1대)
- 표고버섯(1개)
- 껍질 있는 양파($\frac{1}{2}$개)
- 무(1토막=3cm)

양념장
- 설탕(2)
- 소금(2)
- 고춧가루(8)
- 청양고춧가루(1)
- 다진 마늘(1)
- 식용유(4)
- 후춧가루(0.3)

양념
- 전분(2)
- 들깻가루(1)
- 참깨(2)
- 참기름(1)

냄비에 물(12컵)과 육수 재료를 넣은 뒤 센 불로 끓이고,

육수가 끓기 시작하면 중간 불로 줄여 5분 후에 다시마를 건진 뒤 뚜껑을 열고 1시간 더 끓여 불을 끄고,

양념장에 육수($\frac{2}{3}$컵)를 섞고,

냄비에 육수($3\frac{1}{2}$컵)과 손질된 아귀, 오만둥이, 아귀 위를 넣고 센불에서 뚜껑을 덮어 3분간 삶고, 뚜껑을 열고 아귀가 골고루 익을 수 있도록 흔들어준 뒤 다시 뚜껑을 덮어 5분 동안 삶고,

황금팁 1

아귀의 아가미 부분은 꼭 제거해주세요
아가미 부분을 넣으면 이물질이 많아서 비린내가 날 수 있어요. 아가미를 제거한 뒤 아귀는 꼭 깨끗이 세척해주세요.

황금팁 2
육수는 한 번 버려주세요
아귀와 콩나물 삶은 물은 한 번 버려주세요. 찜은 국물의 양이 적기 때문에 불순물이 밑으로 가라앉게 돼요. 육수를 버리면 깔끔하게 조리할 수 있어요.

불을 끄고 뚜껑을 열어 삶은 육수를 따라내 버리고,

황금팁 3
콩나물 머리는 제거해주세요
콩나물 머리는 콩나물 향이 너무 강해요. 아귀 본연의 맛을 가리는 콩나물 머리는 제거하고 흐르는 물에 콩나물을 깨끗이 씻어주세요. 곱슬이 콩나물보다는 굵직한 일자 콩나물이 식감을 살려줘요.

황금팁 4
양념장을 넣고 30초간 기다려주세요
양념장을 뜨거운 열에 잠깐 두면 순간 발효 효과를 주기 때문에 훨씬 더 맛있는 찜이 완성돼요. 양념장을 넣고 30초만 기다렸다 섞어주세요.

다시 센 불에 올리고 냄비의 가운데 부분을 비워 양념장을 넣고 아귀와 찜용 콩나물로 덮어 30초 동안 찐 뒤 골고루 볶고,

물(2)과 전분(2)을 섞어 넣어 한 번 더 볶고,

들깻가루, 참깨, 미나리를 넣어 볶고 참기름(1)을 두른 뒤 불을 끄고 마무리.

04 서울식 불고기

집에서 잘 차려 먹고 싶을 때 불고기만 한 메뉴가 없죠.
집집마다, 지역마다 불고기 맛도 가지각색인데요.
양파와 버섯을 듬뿍 넣고 국물이 넉넉한 서울식 불고기를 만들어봤어요.
짜지 않고 부드러운 맛에 자꾸만 밥 비벼 먹고 싶어져요.

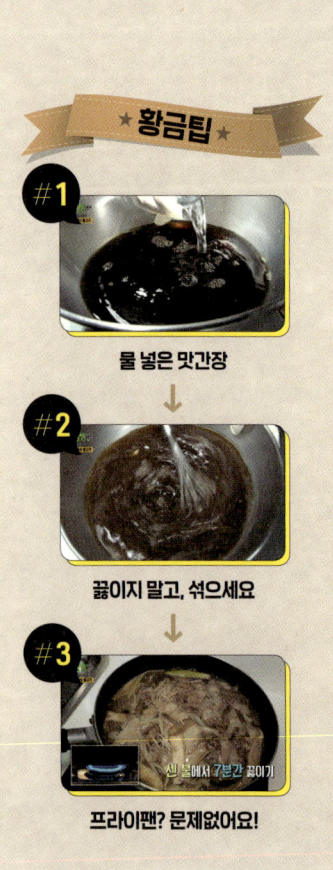

황금팁

#1 물 넣은 맛간장

#2 끓이지 말고, 섞으세요

#3 프라이팬? 문제없어요!

4인분

필수 재료

- 대파(1대)
- 양파(1개)
- 새송이버섯(1개)
- 팽이버섯(1개)
- 소고기(앞다릿살 720g)

맛간장 재료

- 배($\frac{1}{6}$개)
- 사과($\frac{1}{6}$개)
- 양파($\frac{1}{6}$개)
- 설탕(1)
- 후춧가루(1)
- 물($7\frac{2}{3}$컵)
- 간장($1\frac{1}{8}$컵)
- 물엿($1\frac{1}{8}$컵)
- 다진 마늘(0.5)

NO. 04

"서울식 불고기"

1

배와 사과는 껍질과 씨를 제거한 뒤 양파와 함께 믹서에 갈아 나머지 맛간장 재료와 고루 섞이도록 3분간 젓고,

황금팁 1

물 넣은 맛간장

맛간장에 물을 넣는 것이 비법이에요. 싱거울 것 같지만 염도가 낮아지면서 고기 양념이 훨씬 잘 스며들고 육질도 부드러워져요. 물을 안 넣으면 삼투압 작용 때문에 육즙이 빠져 오히려 퍽퍽해진답니다.

황금팁 2

끓이지 말고, 섞으세요

서울식 불고기에 들어갈 맛간장은 끓이지 않는 게 포인트예요. 그렇기 때문에 잘 저어주는 게 중요해요. 설탕과 물엿이 잘 녹아들 수 있도록 3분간 충분히 저어주세요.

2

대파는 어슷 썰고, 양파(1개)는 채 썰고,
새송이버섯은 1cm 두께로 세로로 썰고,
팽이버섯은 밑동을 제거해 가닥을 나누고,

3

볼에 소고기, 대파, 양파, 새송이버섯,
팽이버섯, 맛간장(9컵)을 넣어 살살 버무리고,

황금팁 3

프라이팬? 문제없어요!

중앙이 봉긋해 가장자리에 육수가 찰랑이는 서울식 불고기용 팬이 있으면 좋지만 가정용 팬으로도 충분히 조리할 수 있어요. 센 불에서 7분, 한 번 뒤적이고 약한 불에서 3분이면 충분하니까요.

4

숙성 없이 바로 익혀 먹을 수 있는 레시피예요. 오래 숙성하면 고기의 색도 검어지고 맛도 짜질 수 있으니 바로 조리하는 것이 좋아요.

센 불로 달군 팬에 양념한 불고기와 채소를 넣어
7분간 끓인 뒤 중간 불로 줄여 3분간 끓여 마무리.

05 코다리찜

코다리찜을 더욱 맛있게 만드는 맛집만의 비결은 바로 마요네즈!
코다리에 마요네즈를 발라두면 더욱 쫄깃하고 부드러운 코다리찜을 맛볼 수 있다고 해요.
고추씨를 갈아 넣으면 더욱 깔끔한 매운맛이 나고, 새우가루는 담백하면서도
시원한 맛을 내줘요. 마지막으로 우유를 넣어주면 맛이 더욱 부드러워져요.

★ 황금팁 ★

#1 마요네즈 마사지

#2 숙성 대신 새우가루

#3 조릴 때는 반씩 나눠서

#4 뚜껑은 닫지 마세요!

NO. 05

"코다리찜"

필수 재료

- □ 손질된 코다리(2마리)
- □ 감자(1개)
- □ 청양고추(3개)
- □ 우유(2)

> 손질된 코다리는 마트에서 쉽게 구입할 수 있어요. 코다리는 색이 선명한 것을 고르세요.

채소육수 재료

- □ 무(1cm 2토막)
- □ 양파($\frac{1}{2}$개)
- □ 대파(1대)
- □ 다시마(1장=10×10cm)
- □ 콩나물(100g=1$\frac{1}{2}$컵)
- □ 고추씨가루(1)

양념장

- □ 굵은 소금(0.2)
- □ 새우가루(1)
- □ 고춧가루(3)
- □ 청양고춧가루(0.5)
- □ 후춧가루(0.2)
- □ 소주($\frac{1}{2}$컵)
- □ 간장(0.5)
- □ 물엿(4)
- □ 다진 마늘(2)
- □ 식용유(1)

양념

- □ 굵은 소금(0.3)
- □ 마요네즈(1)

1

냄비에 물(5컵), 무, 양파, 대파, 다시마를 넣어 센 불에서 끓어오르면 다시마를 건지고 10분간 더 끓여 남은 채소도 건지고,

2

콩나물을 넣어 3분간 삶아 건지고,

3

고추씨가루(1)를 넣어 5분간 끓인 뒤 체에 걸러 채소육수를 만들고,

4

양념장을 만들어 채소육수(3컵)와 섞고,

5

손질된 코다리에 굵은 소금(0.3)을 뿌린 뒤 마요네즈(1)를 발라 5분간 실온에 두고,

황금팁 1
마요네즈 마사지

맛집에서는 코다리에 마요네즈를 발라주었어요. 그 이유는 마요네즈의 산 성분이 단백질을 탄탄하게 엮어주고, 잡스러운 맛도 없애주기 때문이에요. 코다리의 식감도 부드럽고 쫀득해진답니다.

6

감자는 1cm 두께로 썰고, 청양고추는 길게 2등분하고,

황금팁 3
조릴 때는 반씩 나눠서

코다리를 조릴 때 양념장을 반으로 나눠 절반은 코다리찜에 붓고 나머지 반은 따로 끓여 준비해요. 이렇게 양념을 나눠 넣어야 나중에 코다리가 부서지지 않고 쫀쫀해져요.

황금팁 2
숙성 대신 새우가루

새우가루를 넣으면 담백하고 시원한 맛이 나서 별도의 조미료를 넣지 않아도 돼요. 심지어 양념을 따로 숙성하지 않아도 깊은 맛이 나요.

7

냄비에 감자 → 염지된 코다리 → 청양고추 → 양념장(절반 분량) 순으로 넣어 25분간 끓인 뒤 우유(2)를 넣고 따로 끓인 양념장(절반 분량)과 섞어 마무리.

황금팁 4
뚜껑은 닫지 마세요

코다리는 말리는 과정에서 한 번 얼었다가 녹았기 때문에 살이 이미 벌어져 있어요. 여기에 수분이 추가되면 살이 오히려 더 벌어져요. 뚜껑을 열어야 살이 부서지는 걸 막을 수 있어요.

06 전복버터구이

고급 죽으로만 맛볼 수 있었던 건강 식재료 전복.
요새는 라면에 넣어 먹을 정도로 손쉽게 구할 수 있게 되었어요.
쫄깃한 전복에 아삭한 채소를 더해 버터로 고소하게 볶아보세요.
밥반찬은 물론 술안주로도 안성맞춤이랍니다.

★ 황금팁 ★

#1
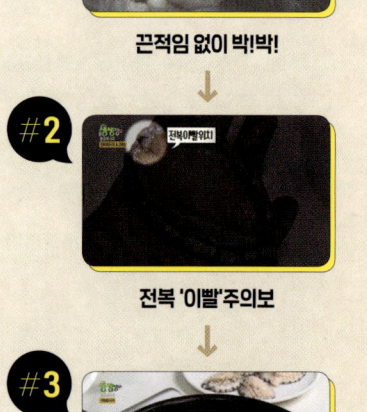
끈적임 없이 박!박!

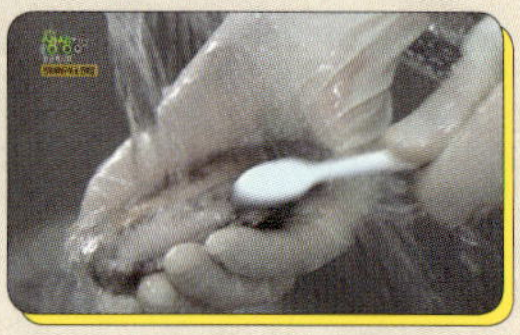

#2
전복 '이빨' 주의보

#3

채소향 머금은 버터

2 인분

필수 재료
- ☐ 전복(5개)
- ☐ 마늘(5쪽)
- ☐ 대파($\frac{1}{2}$대)
- ☐ 양파($\frac{1}{2}$개)

양념
- ☐ 버터(3)

NO. 06

"전복버터구이"

숟가락을 사용해서 분리하면 편해요.

1

전복은 솔로 문질러 깨끗이 씻은 뒤 살만 분리해 이빨과 내장을 제거하고,

황금팁 1

끈적임 없이 박!박!

전복 표면에는 끈적이는 점액질과 바다에서 묻어온 이끼 같은 이물질이 끼어 있어요. 이것들이 전복 비린내의 주범이죠. 뽀얀 살이 나오도록 솔로 박박 닦아주세요.

2

손질한 전복에 벌집 모양의 칼집을 내고,

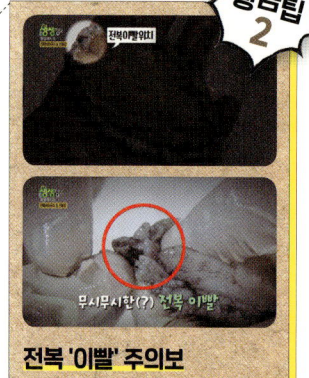

황금팁 2

전복 '이빨' 주의보

전복의 움푹 파인 부분에 이빨이 숨어 있어요. 제거하지 않으면 먹다가 다칠 수 있으니 꼭 칼로 도려내주세요.

3

마늘은 두툼하게 납작 썰고, 대파는 반으로 갈라 5cm 길이로 썰고, 양파는 6등분하고,

황금팁 3

채소향 머금은 버터

센 불에 향이 강한 채소류를 먼저 볶아주세요. 버터기름에 채소 향이 배어들면 느끼함이 절감돼요.

센 불로 달군 팬에 버터(3)를 넣어 녹이고,

마늘, 대파, 양파 순으로 넣어 5분간 익히고,

전복을 넣고 중간 불로 줄인 뒤 3분간 익혀 벌집 모양이 벌어지면 마무리.

07 만두전골

추운 겨울날 사골육수에 손으로 직접 빚은 만두와 채소 듬뿍 넣어
온 식구 둘러앉아 푸짐하게 먹고 나면 몸과 마음이 든든해지죠.
고추장 대신 고춧가루로 양념하면 만두피가 덜 터지고 맛도 한결 개운하답니다.

★ 황금팁 ★

#1 맛집의 맛간장 만들기
↓
#2 소금보다 간장!
↓
#3 터지지 않는 만두피 만들기

NO. 07

"만두전골"

4 인분

필수 재료

- 배추(¼포기)
- 미나리(20줄기)
- 쑥갓(10줄기)
- 대파(1대)
- 표고버섯(2개)
- 팽이버섯(50g)
- 유부(20개)
- 삶은 양지(⅔컵)
- 만두(10개)
- 사골육수(11컵)

만두전골 양념

- 양파(⅙개)
- 대하(1마리)
- 고춧가루(2)
- 청양고춧가루(1)
- 맛간장(1.5)
- 새우젓(0.5)
- 다진 마늘(1)
- 후춧가루(0.2)
- 맛술(0.5)
- 사골육수(2)

※ 사골육수는 사골, 잡뼈, 양지를 우린 육수예요. 시간이 없는 경우 시판 사골육수를 사용해도 괜찮아요.

맛간장 재료

- 맛술(2)
- 마늘(1개)
- 생강(2편)
- 가다랑어포(3)
- 진간장(1컵)
- 국물용 멸치(20개)
- 다시마(20×15cm, 1장)

1. 멸치를 제외한 모든 재료를 넣고 5분간 끓이고,
2. 5분뒤에 멸치를 넣고 계속 뒤집이며 끓이고,
3. 간장이 자작해지면 가다랑어포를 넣고,
4. 면보에 재료를 넣고 꽉 짜서 마무리.

1 양념은 하루 정도 냉장고에서 숙성해야 맛이 깊어져요.

양파와 대하는 다져 **만두전골 양념**과 함께 섞고,

황금팁 1

맛집의 맛간장 만들기

맛집에서는 맛간장을 끓일 때 모든 재료를 넣고 5분 뒤에 따로 멸치를 넣었어요. 시간차를 두는 이유는 맛을 내는 재료들의 기능이 다 다르기 때문이에요. 모든 재료를 넣은 후 마지막에 재료를 면보에 넣고 꽉 짜서 간장 액기스를 걸러내는 게 중요해요. 그래야 재료의 풍미와 맛이 농축된 맛간장이 완성된답니다.

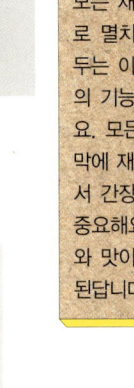

2 배추는 밑동을 잘라내 5cm 길이로 썰고, 미나리, 쑥갓은 5cm 길이로 썰고, 대파는 5cm 길이로 썬 뒤 2등분하고, 표고버섯은 모양대로 썰고, 팽이버섯은 밑동을 잘라내 큼직하게 가르고,

3 냄비에 만두전골 양념을 넣고,

황금팁 2
소금보다 간장!
직접 만두를 만들 경우에 물기를 제거한 만두소를 만들기 위해선 간장이 딱이에요. 소금으로 간하면 재료들이 퍽퍽해지고 고기의 육즙이 빨리 빠져서 고기에서 누린내가 날 수 있죠. 꼭 소금 대신 간장을 사용하세요.

위에 배추, 대파, 미나리, 쑥갓, 표고버섯, 팽이버섯, 유부, 삶은 양지, 만두를 얹은 뒤 사골육수를 붓고,

황금팁 3
터지지 않는 만두피 만들기
만두가 끓는 냄비에서도 모양을 유지하는 비결은 고춧가루로 맛을 낸 육수에 있어요. 육수에 고춧가루가 아닌 고추장을 풀면 단백질이 빠르게 분해되어 만두피가 퉁퉁 붓고 맛도 텁텁해지죠. 고춧가루로 깔끔한 맛과 만두 모양을 유지해 보세요.

중간 불에 10분간 끓인 뒤 마무리.

Plus Recipe 사골육수 끓이기

1. 냄비에 사골 2kg, 잡뼈 1.5kg, 양지 600g을 넣고 뼈와 고기가 잠길 만큼의 찬 물을 부은 후 센 불로 끓이고,
2. 육수가 끓어 오르면 기름기를 제거한 후 불을 중간 불로 줄이고 2시간 끓이고,
3. 2시간 후 양지를 건져내고 기름기를 제거한 후 불을 약한 불로 줄여 4시간 끓이고,
4. 4시간 후 기름기를 제거하고 불을 꺼 마무리.

08 떡갈비

떡갈비는 원래 다진 소고기를 양념해 빚어 구운 궁중 음식인데요.
돼지고기를 이용해 간편하게 만들어보았어요.
다진 양파는 떡갈비 반죽 맨 마지막에 넣어야 부스러지지 않아요.

★ 황금팁 ★

#1 다진 양파는 마지막에 넣어주세요

#2 고기는 살살 버무려주세요

2인분

NO. 08

"떡갈비"

필수 재료
- 돼지고기(등심 300g)
- 양파($\frac{1}{2}$개)

만능간장 재료
- 대추(10개)
- 생강(1톨)
- 다시마 (3×3cm, 6장)
- 양파 껍질(4개 분량)
- 황설탕($1\frac{1}{4}$컵)
- 간장($2\frac{1}{4}$컵)
- 물($2\frac{1}{4}$컵)
- 황물엿($1\frac{1}{4}$컵)
- 소주(1)

양념
- 흑설탕(1)
- 후춧가루(0.3)
- 다진 마늘(0.5)
- 참기름(1)

1

돼지고기와 양파는 다지고, 대추는 씨를 제거하고, 생강은 껍질을 제거해 얇게 썰고,

황금팁 1

다진 양파는 마지막에 넣어주세요

양파는 수분이 많아서 먼저 넣으면 떡갈비가 부스러져요. 수분 발생을 막기 위해 다진 양파는 마지막에 넣어주세요.

2

만능 간장은 넉넉히 만들어 냉장 보관해두고 다양하게 활용해보세요.

냄비에 만능간장 재료를 넣어 센 불에서 25분간 끓인 뒤 체에 걸러서 국물만 30분간 식히고,

3

볼에 만능간장(3), 양념을 넣어 섞고,

황금팁 2

고기는 살살 버무려주세요

고기를 너무 치대면 오히려 뻣뻣해지기 때문에 10회 정도 살살 버무리는 것이 좋아요.

4

다진 돼지고기와 함께 섞어준 뒤 다진 양파를 넣어 살살 버무리고,

동그란 모양을 만든 뒤 눌러 넓적한 원형 모양으로 만들고.

센 불로 달군 팬에 식용유(3)를 두른 뒤
떡갈비를 넣어 1분간 구운 뒤 뒤집고.

중간 불로 줄인 뒤 2~3분 간격으로 3번 뒤집어 마무리.

09 마포돼지갈비

돼지갈비로 유명한 마포의 맛집에서는 간장양념장을 끓여서 식힌 뒤에 고기를 재운답니다.
간장 특유의 텁텁함은 날아가고 재료들의 맛이 어우러져 더 깊은 맛이 나요.
양념장에 고기를 너무 오래 재우면 모양이 흐트러지고 쉽게 타니 시간을 지켜주세요.

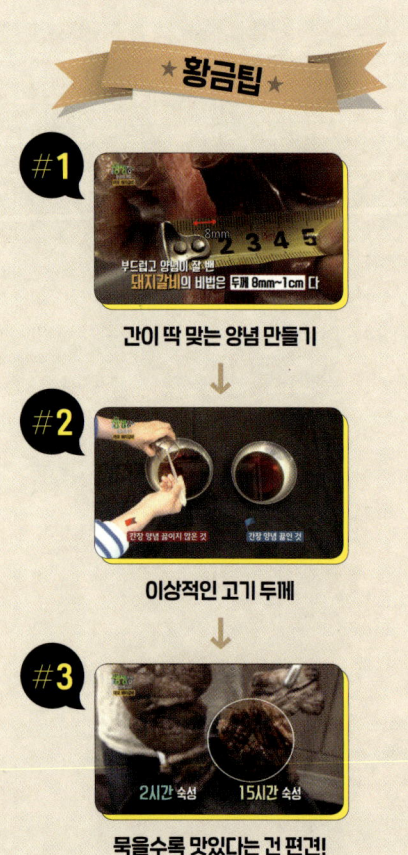

★ 황금팁 ★

#1 간이 딱 맞는 양념 만들기

#2 이상적인 고기 두께

#3 묵을수록 맛있다는 건 편견!

4인분

필수 재료
- ☐ 돼지고기(목살 400g)
- ☐ 돼지갈비(600g)

양념장
- ☐ 간장($\frac{1}{4}$컵)
- ☐ 설탕($\frac{1}{4}$컵)
- ☐ 조청($\frac{1}{4}$컵)
- ☐ 마늘(4쪽)
- ☐ 생강($\frac{1}{2}$톨)
- ☐ 양파($\frac{1}{8}$개)
- ☐ 소주($1\frac{1}{4}$컵)
- ☐ 후춧가루(0.2)
- ☐ 참기름(2)

NO. 09

"마포돼지갈비"

1. 냄비에 간장, 설탕, 조청, 물($1\frac{1}{4}$컵)을 넣어 센 불로 팔팔 끓인 뒤 한 김 식히고,

황금팁 1

간이 딱 맞는 양념 만들기

양념장을 한 번 끓여 식힌 다음 재우면 양념 속 재료들이 서로 잘 섞이면서 감칠맛이 더해져요. 간장을 끓이면서 텁텁한 맛이 한 번 날아가기 때문이에요. 더하여 윤기가 자르르 흐르는 갈비에는 물엿 대신 조청이 좋아요.

2. 믹서에 마늘, 생강, 양파, 소주를 넣어 곱게 갈고,

3. 끓인 양념($1\frac{1}{2}$컵), 믹서에 간 양념, 후춧가루, 참기름을 섞어 양념장을 만들고,

랩으로 감싸 건조되는 것을 방지해요.

황금팁 2

이상적인 고기 두께

마포돼지갈비의 돼지고기 두께는 8mm~1cm가 이상적이에요. 고기가 너무 얇거나 1cm보다 두꺼우면 양념이 팬에 눌어붙어 타거나 속이 안 익을 수 있어요.

황금팁 3

묵을수록 맛있다는 건 편견!

양념에 담가 냉장고에서 재울 땐 2시간이 최적의 시간이에요. 오래 재워두면 고기가 부드러워질 거라고 생각하겠지만 지방질이 흩어져 모양이 훼손되고 구울 때도 쉽게 타요.

4 돼지고기 목살, 갈비를 양념장에 버무려 냉장실에서 2시간 동안 숙성하고,

5 센 불로 달군 팬에 돼지고기를 펴 올려 30초에 한 번씩 총 3번 뒤집어가며 구운 뒤 중간 불로 한 번 더 굽고,

6 약한 불로 줄인 뒤 돼지고기를 한입 크기로 잘라 1분간 더 구워 마무리.

| 10 | 단호박오리찜 |

단호박 속에 훈제오리와 갖은 재료를 볶아 넣고 쪄내면
영양 만점 일품요리가 순식간에 완성돼요.
맛은 물론 모양도 화려해 손님상에 내도 손색없답니다.
단호박은 전자레인지에 살짝 돌리면 손질하기 쉬워져요.

★ 황금팁 ★

#1

전자레인지에서 딱 5분

필수 재료
- 단호박(1개)
- 양파(1개)
- 새송이버섯(2개)
- 대파(15cm)
- 깻잎(5장)
- 훈제오리(500g)

양념장
- 설탕(1)
- 고춧가루(2)
- 간장(1)
- 올리고당(2)
- 다진 마늘(2)
- 고추장(2)

NO. 10

"단호박 오리찜"

단호박을 비닐백에 넣어 전자레인지에서 5분간 돌리고,

황금팁 1

전자레인지에서 딱 5분

겉이 딱딱해 칼을 대는 것부터 엄두가 안 나는 단호박. 위생봉지에 단호박을 넣고 밀봉하지 않은 채로 전자레인지에서 5분만 돌리세요. 겉표면이 훨씬 부드러워져서 손질이 간편해요.

단호박의 윗부분을 오각형으로 도려낸 뒤 속의 내용물을 제거하고,

양념장을 만들고,

양파는 굵게 채 썰고, 새송이버섯은 반 갈라 2cm 두께로 썰고, 대파는 어슷 썰고, 깻잎은 채 썰고,

센 불로 달군 팬에 식용유(약간)를 두른 뒤 양파, 새송이버섯, 대파를 넣어 2분간 볶고,

훈제오리와 양념장을 넣고 1분간 볶다가 깻잎을 넣어 1분간 볶고,

기호에 따라 모차렐라 치즈를 위에 올려도 좋아요.

속을 파낸 단호박에 오리 훈제 볶음을 넣은 뒤 전자레인지에서 5분간 돌려 마무리.

11 LA갈비

LA갈비는 뼈대가 가늘수록 고기가 연하다고 해요.
콜라에 20분간 담가두면 핏물도 빠지고 잡내도 제거된답니다.
양념에 채소를 갈아 넣는 대신 채 썰어 담가두었다 면포로 꽉 짜주면
쉽게 타지 않고 더욱 깔끔한 맛을 즐길 수 있어요.

★황금팁★

#1 고기를 고를 때 뼈를 보세요

#2 콜라와 고기의 조화

#3 양념으로 감칠맛 UP!

NO.11

"LA갈비"

4인분

필수 재료
- □ LA갈비(1.2kg)
- □ 콜라(2⅔컵=500㎖)

맛간장
- □ 배(½개)
- □ 무(½개)
- □ 양파(1개)
- □ 생강(1톨)
- □ 대파 흰 부분(1대)
- □ 간장(1¼컵)

양념
- □ 참깨(1)
- □ 후춧가루(1)
- □ 참기름(2)

> 배가 없다면 사과를 사용해주세요. 과일이 고기 속에 들어있는 지방 성분을 분해해 부드럽게 해줘요.

> 콜라를 사용하면 최소한 2시간 이상 담가두어야 하는 핏물 제거 과정을 20분으로 단축할 수 있어요. 집에 남아있는 김 빠진 콜라를 사용해도 좋아요.

1 LA갈비는 콜라에 20분간 담가 핏물을 빼고,

2 물에 헹구지 않고 체에 밭쳐 물기가 빠지도록 10분간 두고,

황금팁 1

고기를 고를 때 뼈를 보세요

좋은 LA갈비를 고르려면 뼈에 주목하세요. 뼈대가 가늘수록 고기가 연하답니다. 그리고 지방이 골고루 퍼져 있는 것이 좋은 고기이니 구매 시 꼭 확인하세요.

황금팁 2

콜라와 고기의 조화

콜라에 LA갈비를 20분간 담가 보세요. 뼛가루와 불순물이 한 번에 제거되는 것은 물론, 지방질이 감소해 고기 연육을 따로 하지 않아도 돼요. 콜라에 담갔다 뺀 후에는 물에 따로 헹구지 않으니 주의하세요.

3 배, 무, 양파, 생강, 대파는 얇게 채 썰고,

4 볼에 썬 재료와 간장을 넣어 10분간 두고,

즙을 짜낸 간장만 깔끔하게 맛간장으로 이용해요. 양념을 갈지 않고 채를 썰어 과즙만 활용해서 쉽게 타지 않아요. 즙을 짜낸 재료들은 고기 먹을 때 곁들여도 좋아요.

⑤ 간장에 절인 재료를 면포에 넣어 꼭 짜 맛간장을 만들고,

⑥ 맛간장(1¼컵), 양념을 섞은 뒤 핏물을 뺀 LA갈비를 10분간 재우고,

황금팁 3

양념으로 감칠맛 UP!

양념에 재울 때 과일, 특히 배와 사과는 껍질째 넣어 절여보세요. 껍질을 함께 사용하면 연육 작용이 더 활발해져요. 특히 양념을 갈지 않고 즙만 짜내어 사용하면 양념에 잔여물이 남지 않아 구울 때 타는 것을 방지할 수 있어요.

LA갈비를 구울 때 양념에 충분한 수분이 있기 때문에 팬에 식용유를 두르지 않고 굽는 것이 좋아요.

⑦ 중간 불로 달군 팬에 갈비를 올려 5분간 구운 뒤 고기 주변이 물결 모양으로 말리면 1번 뒤집고,

⑧ 약한 불로 줄여 3분간 구운 뒤 한 번 더 뒤집어 1분간 익혀 마무리.

12 돼지고기 김치말이찜

집에 있는 재료로 손쉽게 도전할 수 있는 메뉴예요.
돼지고기는 생강즙에 재워두면 잡냄새를 손쉽게 잡을 수 있답니다.
양념장에 카레가루를 섞어 남은 잡내를 제거하고 감칠맛을 더해보세요.

★ 황금팁 ★

#1 고기의 두께를 일정하게

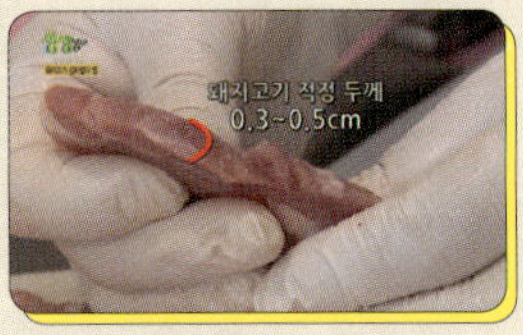

#2 잡냄새 잡는 초간단 생강즙

#3 모양을 지켜주는 중간 불

냄비에 양파를 깔고 돼지고기 김치말이를 차곡차곡 얹고,

물 혹은 다시마 물을 사용해주세요.

물(2컵), 김칫국물, 양념장을 넣어 잘 풀고,

뚜껑을 열고 끓이면 양념이 확 졸아 타버릴 수 있으니 반드시 뚜껑을 닫은 채 수증기의 열로 돼지고기 김치말이를 쪄주는 것이 좋아요.

뚜껑을 닫은 뒤 중간 불로 30분간 끓이고,

황금팁 3

모양을 지켜주는 중간 불

센 불을 가하면 끓는 힘 때문에 돌돌 말아둔 김치말이가 금세 풀어져요. 모양을 유지하기 위해 처음부터 끝까지 중간 불을 유지해주세요.

대파와 고추를 넣어 1분간 끓여 마무리.

13 고등어 김치조림

김치에 쌀뜨물을 더하면 쌀 속 탄수화물 성분 덕분에 묵은지 맛을 낼 수 있어요.
생선조림에는 양념에 고추장 대신 된장을 넣어보세요.
텁텁함 대신 구수함이 더해지고 생선 비린내도 잡을 수 있답니다.

★ 황금팁 ★

#1

쌀뜨물로 묵은지 맛을 내요

#2

바닷고기는 된장으로

4 인분

필수 재료
- 김치($\frac{1}{4}$포기)
- 양파($\frac{1}{4}$개)
- 쌀뜨물(6컵)
- 손질된 고등어(2마리)

선택 재료
- 대파(10cm)

양념
- 설탕(1)

양념장
- 고춧가루(2)
- 소주(2)
- 간장(2)
- 물엿(1)
- 다진 마늘(1)
- 다진 생강(0.3)
- 된장(1)

NO. 13

"고등어 김치조림"

마트에서 손질된 고등어를 손쉽게 구매할 수 있어요.

고등어 조림에 된장을 넣으면 고추장을 넣었을 때보다 훨씬 깊은 맛이 나요.

1

김치는 밑동을 자른 뒤 세로로 길게 썰고, 양파는 굵게 채 썰고, 대파는 어슷 썰고.

2

센 불로 달군 팬에 식용유(2)를 두른 뒤 김치, 설탕을 넣어 2분간 볶고,

황금팁 1

쌀뜨물로 묵은지 맛을 내요

김치를 볶다가 쌀뜨물을 첨가하면 신기하게도 묵은지 맛이 나요. 쌀 속의 탄수화물 성분으로 생긴 점성과 끈기가 김치와 어우러지기 때문인데요. 쌀에서 미강유라는 기름이 나와 깊은 맛이 난답니다.

3

쌀뜨물은 김치의 신맛을 잡아주고, 잡냄새를 제거해줘요.

쌀뜨물(2$\frac{2}{3}$컵)을 넣어 센 불에서 5분간 끓인 뒤 중간 불로 줄여 5분간 졸이고,

황금팁 2

바닷고기는 된장으로

바닷고기를 고추장과 함께 사용하면 텁텁한 맛이 날 수 있어요. 양념에 고춧가루와 된장을 사용하면 구수하고 깔끔한 맛을 내고 비린 맛을 없애는 데 탁월해요.

냄비에 조린 김치를 깔고 고등어, 양파, 쌀뜨물(3컵), 양념장을 넣어 센 불로 5분간 끓이고,

중간 불로 줄인 뒤 5분간 끓이고 대파를 넣어 마무리.

PART 2
찌개, 국, 밑반찬

01 꽃게탕

푸짐한 모양새에 저절로 침이 고이는 꽃게탕이에요.
꽃게만 잘 손질하면 어려울 게 없답니다. 냉동 꽃게는 찬물에 10분 담가 해동해주세요.
맛집에서는 새우가루를 양념에 넣었는데요, 새우가루를 넣으면 맛이 개운해진다고 해요.
마지막에 소주를 넣어 마지막 남은 비린내를 날려주세요.

★ 황금팁 ★

#1 냉동 꽃게 해동은 찬물에 10분

#2 다리 끝 부분은 잘라주세요

#3 새우가루를 넣어주세요

4 인분

필수 재료
- 삼겹살(300g)
- 김치($\frac{1}{4}$포기)
- 양파(1개)

선택 재료
- 대파(1대)
- 청양고추(2개)
- 김칫국물(1컵)

양념
- 생강즙(4)
- 후춧가루(1)

양념장
- 설탕(0.5)
- 고춧가루(1)
- 카레가루(0.5)
- 국간장(1)
- 다진 마늘(1)
- 다진 생강(0.5)

NO.12

"돼지고기 김치말이찜"

카레 가루는 혹시 남아있을지 모르는 돼지고기의 잡냄새를 제거하고 돼지고기 김치말이찜의 감칠맛을 더해주는 역할을 합니다.

양념장을 만들고,

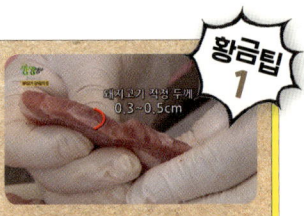

황금팁 1

고기의 두께를 일정하게

고기두께는 3mm~5mm가 알맞아요. 고기가 너무 두꺼우면 김치로 말 때 모양잡기가 힘들고, 김치와 익는 속도도 다르기 때문이에요. 반면 너무 얇으면 고기 맛이 덜해 아쉬울 수 있으니 적당한 두께의 고기를 선택해주세요.

삼겹살은 어슷하게 칼집을 낸 뒤 6~8cm 크기로 썰어 생강즙, 후춧가루를 뿌려 10분간 재우고,

황금팁 2

잡냄새 잡는 초간단 생강즙

돼지고기 밑간 단계에서 생강즙을 사용해 잡냄새를 없애줘요. 생강즙을 내는 방법도 간단해요. 다진 생강 한 숟갈에 물 $\frac{2}{3}$컵을 넣고 데운 후 건더기는 걸러내고 즙만 사용하면 돼요.

김치는 밑동을 잘라내고, 양파는 큼직하게 4등분하고, 대파와 고추는 어슷 썰고,

김치를 넓게 펴 삼겹살을 올린 뒤 줄기부터 돌돌 말아 양옆은 잎으로 감싸듯이 덮고,

4 인분

NO. 01

"꽃게탕"

필수 재료

- ☐ 냉동 꽃게(3마리)
- ☐ 무(1토막=80g)
- ☐ 양파(½개)
- ☐ 감자(½개)
- ☐ 단호박(¼개)
- ☐ 대파(10cm)
- ☐ 다시마(1장=5×8cm)

선택 재료

- ☐ 팽이버섯(1봉)
- ☐ 쑥갓(3줄기)

양념

- ☐ 다진 마늘(0.5)
- ☐ 소주(2)
- ☐ 고춧가루(1)

양념장

- ☐ 새우가루(1)
- ☐ 고춧가루(1)
- ☐ 맛술(2)
- ☐ 다진 마늘(1)
- ☐ 된장(2)
- ☐ 고추장(1)

새우가루가 없으면 멸치가루로 대체해도 좋아요.

된장과 고추장은 2:1의 비율로 넣으면 딱 맞아요.

1

무는 3×3cm 크기로 썰고, 양파는 도톰하게 채 썰고, 감자는 모양대로 도톰하게 썰고, 단호박은 0.5cm 두께로 썰고, 대파는 어슷 썰고, 팽이버섯은 밑동을 잘라 손으로 가르고,

황금팁 1

냉동 꽃게 해동은 찬물에 10분

냉동 꽃게를 해동할 때는 시간 조절이 관건! 해동은 10분 정도면 충분하고 손질하기 좋을 정도면 돼요. 오래 두면 식중독의 위험이 있어요.

2

꽃게는 다리, 입, 배딱지 부분을 칫솔로 구석구석 씻고,

3

꽃게는 다리 끝 부분, 모래주머니, 입, 아가미를 제거한 뒤 집게 다리는 잘라 먹기 좋게 4등분하고, 양념장을 만들고,

황금팁 2

다리 끝 부분은 잘라주세요

꽃게의 다리 끝 부분은 찔릴 위험이 있으니 잘라주세요. 또한 끝을 자르면 짧은 시간에 국물 맛이 우러나고 시원한 맛이 살아나요.

냄비에 물(6½컵), 무, 양파, 단호박(4조각), 다시마, 꽃게를 넣어 센 불로 끓이고,

끓어오르면 3분간 더 끓여 다시마를 건진 뒤 떠오르는 거품을 제거하며 끓이고,

나머지 단호박, 감자, 양념장(2)을 넣어 3분간 끓인 뒤 다진 마늘(0.5)을 넣고 5분간 더 끓이고,

황금팁 4

새우가루를 넣어 주세요

새우가루를 넣어주면 훨씬 더 깊고 개운한 맛이 나요. 단, 새우가루를 처음부터 넣게 되면 도리어 텁텁한 맛이 날 수 있으므로 마지막으로 양념장에 섞어서 넣는 것이 좋아요.

소주(2), 고춧가루(1)를 넣어 섞고 팽이버섯, 대파, 쑥갓을 올려 마무리.

02 무생채 & 무나물

무는 햇빛을 받아 초록색인 윗부분과 하얀 아랫부분이 있죠.
초록색이 나는 윗부분은 비타민 C가 더 풍부하고 단맛이 나서 생채 만들기에 좋고,
하얀색 아랫부분은 매운맛이 있어 익혀 먹기에 적당해요.
무를 절였다가 조리하면 양념도 더 잘 배고 오래 두어도 물이 생기지 않아요.

★ 황금팁 ★

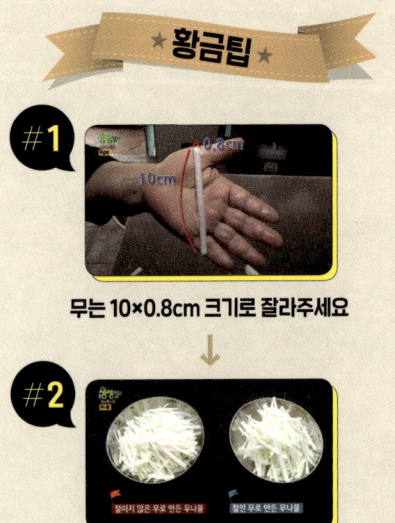

#1 무는 10×0.8cm 크기로 잘라주세요

#2 절인 무로 조리하세요

NO. 02

"무생채"

4 인분

필수 재료
- □ 무 윗부분($\frac{1}{2}$개)
- □ 쪽파(3대)

양념
- □ 굵은 소금(1)
- □ 굵은 고춧가루(4)
- □ 다진 생강(0.5)
- □ 다진 마늘(1)
- □ 매실액(1)
- □ 멸치액젓(1)
- □ 사과식초(0.5)

1

무는 굵게 채 썰고, 쪽파는 한입 크기로 썰고,

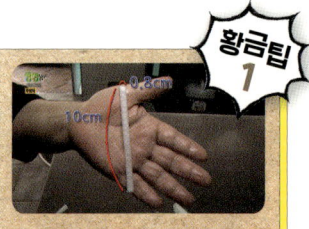

황금팁 1

무는 10×0.8cm 크기로 잘라주세요

연둣빛 무의 윗부분은 햇볕을 받고 자라 단맛이 나서 생채 만들기에 좋아요. 무가 너무 얇으면 식감이 없고 두꺼우면 양념이 잘 스며들지 않기 때문에 크기가 중요해요.

무를 소금에 절이면 양념도 잘 배고 오래 두어도 물이 생기지 않아요.

2

무에 굵은 소금(1)을 넣고 버무려 7분간 절인 뒤 무에서 나온 물은 버리고,

3

절인 무에 고춧가루(4)를 넣고 버무려 3분간 재우고,

4

다진 생강(0.5), 다진 마늘(1), 매실액(1), 멸치액젓(1), 사과식초(0.5)를 순서대로 넣어 버무리고,

5

양념한 무에 쪽파를 넣어 살짝 섞어 마무리.

"무나물"

필수 재료
- 무 아랫부분($\frac{1}{2}$개)
- 쪽파(2대)

양념
- 굵은 소금(2)
- 다진 생강(0.3)
- 들기름(0.5)
- 다진 마늘(1)
- 참기름(1)

1. 무는 굵게 채 썰고, 쪽파는 한입 크기로 썰고,

황금팁 2
절인 무로 조리하세요

절이지 않고 조리했을 경우에는 무가 익기도 전에 빨리 탈 수 있어요. 또한 조리 후 부서지기도 해요. 절여서 조리하면 무의 식감이 더 쫄깃하고 연한 질감을 낼 수 있어요. 특히 가을무를 볶으면 쓴맛이 날 수 있는데 절이면 이러한 쓴맛을 중화해주는 역할을 해요.

2. 무에 굵은 소금(2)을 넣고 버무려 5분간 절인 뒤 무에서 나온 물은 버리고,

3. 중간 불로 달군 팬에 들기름(0.5)을 둘러 절인 무를 넣고 3분간 볶다가 다진 마늘(1), 다진 생강(0.3)을 넣어 고루 섞고,

4. 불을 끈 뒤 쪽파와 참기름(1)을 넣고 고루 저어 마무리.

03 파개장

재료가 많이 들어가 복잡한 육개장 대신 파만 넣어 간편하게 파개장을 완성해보세요.
파 특유의 개운한 맛이 일품이랍니다.
맛집에서는 고기와 대파를 따로 삶아 육수를 냈는데요,
재료 각각의 풍미를 최대한 살릴 수 있고, 삶고 난 대파도 요리에 활용할 수 있어요.

★ 황금팁 ★

#1 고기 삶을 때는 물이 끓은 뒤 넣으세요

#2 양지고기는 마지막에 넣으세요

NO. 03

"파개장"

필수 재료
- 대파(20cm=2대)
- 소고기(양지머리 500g)

양지 육수 재료
- 통후추(0.5)
- 굵은 소금(1)
- 다진 마늘(5쪽 분량)

양념
- 고춧가루(3)
- 청양 고춧가루(0.5)
- 굵은 소금(1)

1

대파는 뿌리를 제거한 뒤 길게 반 갈라 8㎝ 길이로 자르고,

2

황금팁 1

고기 삶을 때는 물이 끓은 뒤 넣으세요

찬물에서 고기를 익히게 되면 고기가 뻣뻣해지고 육즙이 빠져나와 순한 맛이 나지 않아요. 끓는 물에 고기를 삶아야 고기와 육수를 맛있게 먹을 수 있어요.

냄비에 물(10컵)과 양지 육수 재료를 넣어 끓어오르면 소고기를 넣고 뚜껑을 덮어 약한 불로 40분간 끓이고,

3

삶은 소고기는 건져 잘게 찢고, 육수는 체에 걸러 한 김 식히고,

대파 삶은 물은 버리지 말고 남겨두세요.

냄비에 물(8컵)을 부은 뒤 센 불로 올려 끓어오르면 대파를 넣어 중간 불로 30분간 끓이고,

냄비에 대파 삶은 물(4컵), 양지 육수(4컵)와 삶은 대파를 넣고 센 불로 올려 끓어오르면 양념을 넣어 5분간 끓이고,

찢어둔 소고기를 넣고 한소끔 끓여 마무리.

황금팁 2

양지고기는 마지막에 넣으세요

삶은 양지머리는 마지막에 넣고 끓여야 쫄깃한 맛과 부드러운 식감을 살릴 수 있어요.

04 소고기볶음고추장

해외여행의 필수품 소고기볶음고추장. 칼칼한 고추장에 고기의 깊은 감칠맛까지 더해져 다른 반찬 없이도 밥 한 공기 뚝딱 할 수 있는 마법의 아이템이죠. 소고기는 한 번 삶은 뒤 볶아줘야 누린내가 제거되고 식감도 더 부드러워져요.

★ 황금팁 ★

#1 소고기는 물이 바글바글 끓을 때 넣어주세요

#2 소고기는 삶은 뒤에 볶아주세요

4인분

필수 재료
☐ 다진 소고기(500g)

양념
☐ 고추장(2컵)
☐ 설탕(1)
☐ 물엿(1컵)

NO. 04
"소고기볶음고추장"

물엿과 고추장을 1:2로 하면 황금비율이에요.

1

황금팁 1

소고기는 물이 바글바글 끓을 때 넣어주세요

소고기는 라면 끓일 때처럼 물이 바글바글 끓을 때 넣어야 해요. 그래야 소고기 겉면에 열이 가해져서 코팅이 되기 때문에 육즙이 밖으로 빠져나오지 않아요.

황금팁 2

소고기는 삶은 뒤에 볶아주세요

소고기를 삶으면 잡내와 이물질, 지방을 제거할 수 있어요. 뜨거운 물 속에서 소고기의 지방 성분이 빠져나와서 포화지방산을 낮추는 효과도 있답니다. 또한 기름이 둥둥 뜨는 것을 방지되고 고기 식감도 부드러워져 고추장과 더 잘 어우러져요.

끓는 물에 다진 소고기를 넣어 3분간 삶아 건진 뒤 찬물에 헹구고,

2

삶은 소고기를 면포에 넣고 힘껏 짜면 불필요한 수분들이 쫙 빠지면서 탱글탱글함이 그대로 유지돼요.

삶은 소고기는 면포에 넣어 물기를 꼭 짜 제거하고,

무조건 약한 불에서 20분 가량 은은하게 볶으면서 쉬지 않고 저어주는 게 포인트예요. 은은한 빛깔의 빨간 고추장이 만들어져요.

3

약한 불로 달군 팬에 삶은 소고기와 **양념**을 넣어 20분간 저어가며 볶고,

4

실온에서 식히지 않고 냉장실에 넣을 경우 쉽게 상할 수 있어요.

소고기볶음고추장은 한 김 식힌 뒤 용기에 담고 냉장 보관해 마무리.

081

05 북어콩나물국

시원한 국물에 감칠맛까지 훌륭해 해장용이 아니라도 자주 찾게 되는 국이에요.
북엇국 간은 새우젓으로 해야 감칠맛도 좋아지고 소화에도 도움이 된답니다.
북어채는 기름 대신 육수에 볶아주는 게 깊은 맛을 내는 비결이에요.

★ 황금팁 ★

#1 간은 새우젓으로 하세요

#2 북어채는 기름 없이 볶으세요

필수 재료

- □ 양파(½개)
- □ 콩나물(3줌=150g)
- □ 북어채(2줌=100g)
- □ 대파(10cm)

육수 재료

- □ 무(1토막=150g)
- □ 양파(½개)
- □ 대파(15cm)
- □ 육수용 멸치(10마리)
- □ 다시마(10×10cm, 2장)
- □ 고추씨(4)

천연조미료 재료

- □ 멸치(10마리)
- □ 건새우(20마리)
- □ 건표고버섯(2개)
- □ 다시마(5×5cm, 4장)
- □ 건홍합(10개)

양념

- □ 새우젓(1.6)
- □ 굵은 소금(1)
- □ 다진 마늘(1)
- □ 다진 생강(0.2)
- □ 후춧가루(0.2)

NO. 05

"북어콩나물국"

1 육수용 무는 3cm 두께로 나박 썰고, 양파는 얇게 채 썰고, 콩나물은 깨끗이 씻어 헹구고, 북어채는 물에 담가 10분간 불린 뒤 건져 물기를 짜고,

2 믹서에 천연조미료 재료를 넣고 곱게 갈아 만든 천연조미료(1)를 양념에 섞고,

건더기는 체에 거르고 육수(9컵)는 한 김 식혀 두세요.

3 냄비에 물(11컵)을 부은 뒤 육수 재료를 넣어 센 불로 올려 끓어오르면 약한 불로 줄여 30분간 끓이고,

황금팁 1
간은 새우젓으로 하세요
새우젓에는 아미노산이 있기 때문에 북어에 들어가면 감칠맛을 내고 소화가 잘되게 도와줘요. 간장보다 소금과 새우젓을 넣으면 맛있는 북어국이 완성돼요.

황금팁 2
북어채는 기름 없이 볶으세요
황태는 색과 맛이 진하고 북어는 그에 비해 부드러운 맛을 지니고 있어요. 황태를 요리할 때는 들기름으로 볶으면 감칠맛이 높아지고, 북어는 기름 대신 육수를 조금씩 가감해 볶는 것이 더욱 깊은 맛을 낼 수 있어요.

4 약한 불로 달군 냄비에 불린 북어채와 육수(10), 양념(½분량)을 넣어 5분간 볶다가 불을 끈 뒤 북어채를 건지고,

5 냄비에 남은 육수를 모두 부어 센 불로 끓이다가 끓어오르면 콩나물을 넣은 뒤 뚜껑을 열고 1분간 데쳐 건지고,

6 볶은 북어채, 나머지 양념을 넣어 중간 불에서 5분간 끓이고, 어슷 썬 대파를 넣고 불을 끈 뒤 데친 콩나물을 넣어 마무리.

06 간장새우

쫀득쫀득한 새우살을 먹고 남은 국물에는 밥 비벼 먹기 딱 좋은 간장새우.
간장게장보다 저렴하면서도 간편하게 즐길 수 있어 인기를 끌고 있죠.
새우장에는 생새우보다 냉동 새우가 더 쫀득하고 맛깔스러워요.

 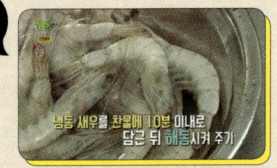

생새우보다는 냉동 새우를 쓰세요

오래 보관할 때는 새우랑 간장은 따로!

NO. 06

"간장새우"

필수 재료
- 무(⅓개)
- 양파(½개)
- 청양고추(4개)
- 냉동 새우(15마리)

선택 재료
- 월계수잎(3장)

양념장
- 간장(3컵)
- 물(2컵)
- 소주(½컵)
- 설탕(½컵)
- 다진 마늘(2)
- 다진 생강(1.5)
- 표고버섯가루 (1)

간장 6 : 물 4 : 소주 1의 비율이 맛있는 새우장을 만드는 황금비율이에요.

1

무는 1×3㎝ 크기로 나박 썰고,
양파는 깍둑 썰고,
청양고추는 1.5㎝ 두께로 송송 썰고,

2

냉동 새우는 찬물에 10분간 담가 해동한 뒤 수염과 뿔, 꼬리의 물주머니를 자르고 등 부분의 내장을 빼고,

황금팁 1

생새우보다는 냉동 새우를 쓰세요

냉동된 새우로 새우장을 담그면 훨씬 더 육질이 쫀득하고 맛깔스러워요. 새우 속 수분이 바깥으로 빠져나오고 간이 더 빨리 배어서 맛이 더 좋거든요. 찬물에 담가 10분 정도만 해동하면 돼요.

3

월계수잎을 올려주면 풍미가 깊어져요.

밀폐용기에 손질한 새우와 손질한 채소, **양념장**을 넣은 뒤 월계수잎을 넣고,

4

새우를 2일 이상 담가두면 짜질 수가 있어요.

황금팁 2

오래 보관할 때는 새우랑 간장은 따로!
오래 두고 먹을 경우 새우는 따로 밀폐용기에 넣어 냉동 보관한 뒤 먹을 때마다 양념장을 부어 드세요.

냉장실에서 이틀간 숙성해 마무리.

Plus Recipe **두부조림** 2~3인분

간장새우와 같은 양념장을 사용해 쉽게 맛있는 두부조림을 만들어 보세요.

필수 재료 두부(1모=300g), 대파(15), 양념장($\frac{1}{3}$컵)
양념 고춧가루(1), 다진 마늘(1), 설탕(1), 통깨(약간)

1 두부는 반 갈라 1cm 두께로 썰고, 대파는 어슷 썰고,

2 팬에 두부를 담은 뒤 양념장($\frac{1}{3}$컵)과 물($\frac{1}{2}$컵), 고춧가루(1), 다진 마늘(1), 설탕(1)을 넣어 센 불로 끓이고,
   tip: 두부 한 모당 물과 양념장의 비율이 물 $\frac{1}{2}$컵, 양념장 $\frac{1}{3}$컵이 적절해요.

3 끓어오르면 어슷 썬 대파를 넣어 약한 불로 줄여 8분간 조린 뒤 참깨를 뿌려 마무리.

07 파김치

개운하면서도 감칠맛이 있는 파김치는 고기요리나 면요리와도 찰떡궁합이에요.
맛집에서는 북어머리로 낸 육수를 양념에 더해 깊은 맛을 냈어요.
하루 정도 실온에 숙성하면 맛이 어우러져 훨씬 맛있어져요.

★황금팁★

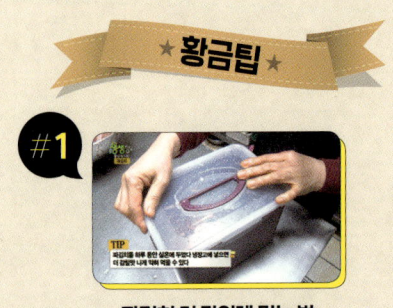

파김치 더 맛있게 먹는 법

"파김치"

NO. 07 · 2~3인분

필수 재료
- 쪽파(1단=1kg)

북어육수 재료
- 북어머리(2개)
- 다시마(5×10cm, 2장)
- 대파(15cm)
- 양파($\frac{1}{2}$개)

찹쌀풀
- 찹쌀가루(1)
- 물(3컵)

양념
- 굵은 고춧가루($\frac{2}{3}$컵)
- 멸치액젓($\frac{1}{2}$컵)
- 매실액($\frac{1}{3}$컵)
- 간 배($\frac{1}{2}$개=$\frac{1}{2}$컵)
- 간 양파($\frac{1}{2}$개=$\frac{1}{2}$컵)
- 다진 마늘(1)
- 다진 생강(0.5)
- 새우젓(1)

1. 쪽파는 뿌리를 제거하고 깨끗이 다듬어 흐르는 물에 살살 씻고,

2. 냄비에 물(4컵)과 북어육수 재료를 넣어 센 불로 10분간 끓인 뒤 중간 불로 20분간 더 끓이고,

3. 건더기는 체에 받쳐 거른 뒤 육수는 한 김 식혀 두고,

냄비에 찹쌀가루(1), 물(3컵)을 풀어 약한 불에 끓어오르면 불을 꺼 북어육수(1컵)를 붓고 고루 섞어 한 김 식히고,

파김치 더 맛있게 먹는 법

파김치는 실온에 하루 정도 두었다가 냉장실에 넣어서 보관하세요. 파김치가 익으면서 감칠맛이 살아나고 더 맛있게 먹을 수 있어요.

식힌 찹쌀풀(1컵)에 양념을 넣고 섞어 쪽파에 고루 묻히고 하루 정도 실온에서 숙성한 뒤 냉장 보관해 마무리.

08 돼지고기장조림

어른 아이 할 것 없이 모두 좋아하는 단골 밑반찬 돼지고기장조림.
갖은 채소를 넣은 양념장을 한바탕 끓여 맛이 우러난 뒤 고기를 넣고 충분히 삶아주세요.
고기를 찢어 다시 한 번 조리면 맛이 쏙 배어든 장조림 완성!
꽈리고추는 마지막에 넣어야 아삭한 식감과 색감이 살아 있어요.

황금팁

#1 고기는 두 번 나눠서 조리세요

4 인분

필수 재료
- □ 마늘(4쪽)
- □ 돼지고기(안심 500g)
- □ 삶은 메추리알(20알)

선택 재료
- □ 꽈리고추(15개)

양념장 재료
- □ 설탕(2)
- □ 소주(4)
- □ 간장(1컵)
- □ 양파($\frac{1}{2}$개)
- □ 마른 고추(1개)
- □ 대파 흰 부분(1대)
- □ 표고버섯(2개)
- □ 마늘(5쪽)
- □ 생강(1톨)
- □ 통후추(20알)

NO. 08

"돼지고기장조림"

1

마늘(4쪽)은 납작 썰고,
꽈리고추는 꼭지를 제거하고,
돼지고기는 찬물에 담가
핏물을 제거하고,

2

냄비에 물(5컵)을 부은 뒤
양념장 재료를 넣어
중간 불로 20분간 끓이고,

황금팁 1

고기는 두 번 나눠서 조리세요

돼지고기를 양념장에 한 번 삶은 후 고기를 찢어서 다시 조리면 고기가 더욱 부드러워지고 감칠맛이 나는 돼지고기장조림을 만들 수 있어요.

3

끓는 양념장에 핏물을 뺀
돼지고기를 넣어 20분간 삶고,

돼지고기는 건져 한 김 식힌 뒤 결대로 잘게 찢고, 양념장은 체에 거르고,

냄비에 양념장을 부은 뒤 돼지고기, 메추리알을 넣어 중간 불에서 끓이고,

끓어오르면 납작 썬 마늘, 꽈리고추를 넣고 5분 더 끓여 마무리.

09 깻잎 장아찌

깻잎 장아찌에 유자청을 더해보세요.
항상 먹던 깻잎 장아찌와는 다른 향긋함과 상큼함을 맛볼 수 있답니다.
간장물은 한 번 끓인 뒤 완전히 식힌 뒤 넣어주고,
깻잎이 푹 잠기게 무거운 것으로 눌러주세요.

★ 황금팁 ★

#1

간장물은 식히고 부어주세요

#2

간장물은 깻잎이 가득 잠기게

NO. 09
"깻잎 장아찌"

필수 재료
- 깻잎(100장)

절임물 재료
- 간장(2컵)
- 유자청(1컵)
- 식초(½컵)
- 설탕(½컵)

> 유자청을 사용하면 풍미가 높아지고 유자청과 깻잎 향이 어우러지면서 더욱 상큼하게 드실 수 있어요.

1 냄비에 물(2컵) 부은 뒤 절임물 재료를 넣어 센 불로 설탕이 녹을 때까지 끓이고,

황금팁 1
간장물은 식히고 부어주세요
간장물을 뜨거울 때 바로 부으면 깻잎의 숨이 죽고 식감이 질겨져요. 산뜻하고 맛있는 장아찌를 만들기 위해서 간장물이 식었을 때 넣어주세요.

2 설탕이 다 녹으면 약한 불로 줄여 1분간 더 끓인 뒤 불을 꺼 체에 밭쳐 유자청 건더기를 걸러 한 김 식히고,

3 열탕 소독한 용기에 깻잎 뒷면이 위로 가도록 담은 뒤 절임물을 붓고,

황금팁 2
간장물은 깻잎이 가득 잠기게
깻잎이 오목한 모양으로 되어 있어서 뒤집어서 놓아야 잎이 들뜨지 않아요. 간장물에 잠기지 않고 떠 있으면 그 부분이 상할 수 있어요. 깻잎을 뒤집어서 차곡차곡 통에 채우고 절임물(4컵)을 골고루 부어주세요. 충분히 잠길 수 있도록 무게가 있는 그릇으로 위를 눌러주고 2~3일간 냉장실에서 숙성해주세요.

> 냉장실에서 2~3일간 숙성해주면 간이 제대로 배고 더욱 깊은 맛이 나요.

4 깻잎이 간장에 푹 잠기도록 무게가 있는 것으로 눌러준 뒤 뚜껑을 닫고 냉장 보관해 마무리.

10 콩나물 김칫국

찜에 주로 사용하는 일자 모양 콩나물을 국에도 넣어보세요. 아삭아삭 식감이 훨씬 좋아진답니다. 콩나물 익힐 때 비린내가 날까 걱정이라면 꼬리를 떼어내고 뚜껑을 연 채 팔팔 끓여주세요. 멸치가루와 멸치액젓으로 감칠맛을 더했어요.

★황금팁★

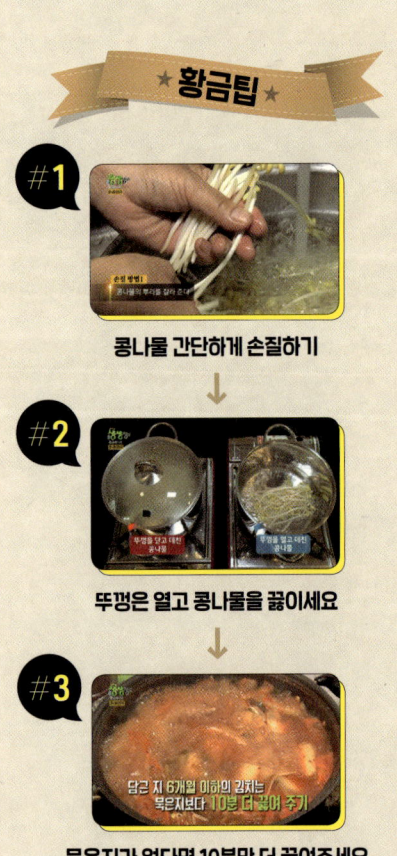

#1 콩나물 간단하게 손질하기

#2 뚜껑은 열고 콩나물을 끓이세요

#3 묵은지가 없다면 10분만 더 끓여주세요

NO. 10

"콩나물 김칫국"

필수 재료
- 콩나물(2줌=150g)
- 무($\frac{1}{3}$개=500g)
- 대파(10cm)
- 묵은지(1컵)

양념
- 김칫국물($\frac{1}{4}$컵)
- 멸치가루(2)
- 멸치액젓(3)

1

콩나물은 꼬리를 떼고, 무는 얇게 채 썰고, 대파는 송송 썰고, 묵은지는 2cm 두께로 썰고,

황금팁 1

콩나물 간단하게 손질하기

굵직한 콩나물을 사용하고 뿌리 부분은 비린내가 날 수 있으므로 꼭 제거해주세요. 콩나물을 흐르는 물에 씻어주면 껍질이 가라앉아서 쉽게 손질할 수 있어요.

2

냄비에 콩나물이 잠길 정도로 물을 부어 뚜껑을 열고 센 불에서 3분간 데쳐 건진 뒤 찬물에 헹구고,

황금팁 2

뚜껑은 열고 콩나물을 끓이세요

콩나물 뿌리에는 아스파라긴산이라는 단백질이 들어 있어 열을 가하면 비린내가 날 수 있어요. 콩나물을 끓일 때 뚜껑을 닫고 끓이면 식감이 흐물흐물하고 비린내가 날 수 있으니 뚜껑을 꼭 열고 팔팔 끓여주세요. 3분간 끓인 콩나물은 찬물에 헹구고 물기를 제거해야 탱탱한 콩나물을 맛볼 수 있어요.

묵은지가 없다면 10분만 더 끓여주세요

묵은지가 가장 맛이 좋지만 묵은지가 없다면 10분 정도만 더 끓여주면 익은 김치 맛이 나서 적당해요.

냄비에 물(6컵)을 부은 뒤 채 썬 무, 묵은지, 김칫국물을 넣어 뚜껑을 닫고 센 불로 10분간 끓이고,

멸치가루(2), 멸치액젓(3)을 넣어 10분간 더 끓이고,

데친 콩나물을 넣고 5분간 더 끓이다가 대파를 넣어 마무리.

11 명란달걀말이

부드러운 달걀말이 만들기, 생각보다 쉽지 않죠.
맛집 비결은 달걀물에 식용유를 섞는 거예요.
이렇게 하면 식용유와 달걀노른자의 지방 성분이 만나
식감이 부드러워지고 달걀 비린내도 잡힌답니다.

★황금팁★

#1 달걀물에는 식용유를 넣으세요

4인분

필수 재료
- 달걀(4개)
- 명란젓(1개)
- 식용유(0.5)

양념
- 간장(0.4)
- 설탕(2)

NO. 11

"명란달걀말이"

1

볼에 달걀을 곱게 풀어 **양념**해 고루 섞은 뒤 식용유(0.5)를 넣어 고루 젓고,

황금팁 1

달걀물에는 식용유를 넣으세요

식용유를 넣으면 부드러운 식감의 달걀말이를 만들 수 있어요. 달걀노른자의 레시틴은 식용유와 같은 지방 성분이기 때문에 달걀말이를 완성했을 때 함께 어우러져 풍미가 더욱 높아져요. 또한 식었을 때도 비린내가 나지 않고 탄력을 그대로 유지할 수 있어요. 올리브유 같은 다른 기름으로도 대체할 수 있어요.

2

달걀이 익기 전에 저어주면 달걀말이의 식감이 보들보들해져요

약한 불로 달군 팬에 식용유를 넉넉히 둘러 달걀물($\frac{1}{3}$ 분량)을 부은 뒤 가장자리 색이 변하면 달걀이 익지 않도록 빠르게 젓고,

3

달걀이 몽글몽글해지면 명란젓을 올린 뒤 돌돌 말고,

4

취향에 따라 마요네즈 혹은 가다랑어포를 곁들여 드세요

남은 달걀물을 2번에 나눠 붓고 마는 과정을 반복해 마무리.

12 짜글이찌개

찌개인 듯, 조림인 듯 걸쭉한 국물이 매력인 짜글이. 고기는 고기대로 건져 먹고, 남은 국물은 밥 비벼 먹기 딱 좋아요. 냉장고에 있는 각종 자투리채소를 넣어 뭉근히 끓여만 주세요. 질 좋은 생고기를 사용하면 따로 육수를 쓰지 않아도 충분히 감칠맛이 우러나와요.

★황금팁★

#1 육수가 없어도 괜찮아요

2 인분

필수 재료
- 양파(½개)
- 대파(15cm×2대)
- 돼지고기(사태 500g)

> 육수 없이 끓이기 때문에 냉장 사태를 준비하면 더 좋아요.

양념
- 다진 마늘(1.5)
- 국간장(2)
- 굵은 고춧가루(3)
- 고추장(1.5)

NO. 12

"짜글이찌개"

1

> 고기는 결 반대 방향으로 썰어야 질겨지지 않아요.

양파는 굵게 채 썰고, 대파는 반 갈라 5㎝ 길이로 썰고, 돼지고기는 결 반대 방향으로 한입 크기로 썰고,

황금팁 1

육수가 없어도 괜찮아요

육수로 끓인 짜글이 찌개와 일반 물로 끓인 찌개의 맛을 비교했을 때 큰 차이가 없었어요. 고기가 신선한 경우에는 굳이 육수를 사용하지 않아도 고기의 단백질, 무기질이 우러나오기 때문에 육수 역할을 충분히 할 수 있어요. 다만 냉동육을 사용할 경우에는 채소 우린 물을 넣어줘야 깊은 맛을 낼 수 있어요.

2

냄비에 물(3컵)을 부은 뒤 **양념**을 넣어 고루 섞어 센 불로 끓이고,

3

> 끓기 시작할 때 고기를 넣어야 잡내를 잡을 수 있어요.

끓어오르면 돼지고기, 양파, 대파를 넣어 5분간 더 끓인 뒤 중간 불로 줄여 15분간 뭉근하게 끓이고,

4

> 15분간 뜸을 들이는 동안 익은 고기를 먼저 건져내 쌈을 싸드시면 더욱 맛있게 즐길 수 있어요.

고기는 건져 쌈을 싸 먹고 남은 국물과 건더기는 밥에 곁들여 마무리.

13 김부각

바삭바삭한 식감과 고소한 맛에 자꾸만 손이 가는 김부각이에요.
만들어두면 밥반찬뿐 아니라 간식으로도 인기 만점이죠.
김부각을 맛있게 만드는 포인트는 찹쌀풀 농도예요.
찬물에 개어 저어가며 끓이다가 주르르 흐르는 정도가 되면 불을 꺼주세요.
찹쌀풀을 충분히 식히고 김에 발라줘야 김이 쪼그라드는 걸 막을 수 있어요.

황금팁

#1 찹쌀풀 농도를 잘 맞추세요

#2 찹쌀풀 바르는 방법

#3 기름 온도는 소금으로 확인하세요

2인분

필수 재료
- □ 김밥용 김(10장)
- □ 찹쌀풀(1컵)
- □ 참깨(적당량)
- □ 고춧가루(1)

찹쌀풀 재료
- □ 다시마(4×4cm, 2장)
- □ 찹쌀가루(3)
- □ 소금(0.3)

NO. 13

"김부각"

1

찬물(1컵)에 다시마를 넣어 30분간 우리고,

2

3

다시마물(1컵)에 찹쌀가루(3)를 넣어 고루 푼 뒤 센 불에서 2분간 저어가며 끓이고,

중간 불로 줄여 농도가 진해질 때까지 젓다가 보글보글 끓어오르면 불을 끄고 소금(0.3)을 넣어 간한 뒤 한 김 식히고,

황금팁 1

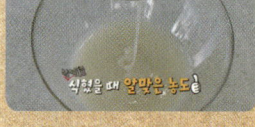

찹쌀풀 농도를 잘 맞추세요

끓는 물에 찹쌀가루를 넣으면 덩어리질 수 있어요. 찬물에 먼저 풀어주세요. 찹쌀풀이 주르륵 흐르는 정도의 농도가 됐을 때 소금으로 간을 하고 충분히 식혀주세요. 열이 남아 있을 때 김에 바르면 쪼그라들 수 있으니 뚝뚝 떨어질 정도로 되직해질 때까지 식혀주면 돼요.

> 김부각을 만들 때는 김밥용 김처럼 두꺼운 김으로 하는 것이 나중에 튀겼을 때 식감이 훨씬 좋아요.

4

김은 반으로 접어 반쪽 면에 찹쌀풀(0.5), 참깨를 뿌린 뒤 반으로 접고,

황금팁 2

찹쌀풀 바르는 방법

김밥용 김을 반으로 접어준 다음 한쪽 면에 찹쌀풀을 반 숟가락 떠서 골고루 발라주세요. 김부각 속까지 고소함을 듬뿍 느낄 수 있도록 통깨를 뿌려 반으로 접고, 그 윗면에 찹쌀풀을 한 숟가락 떠서 발라주세요. 취향껏 고명이나 잣, 견과류를 올리면 완성

> 더욱 바삭한 식감을 원한다면 찹쌀풀을 듬뿍 바르세요.

> 찹쌀풀의 농도가 가장 중요해요. 너무 묽으면 튀겼을 때 튀김옷이 잘 튀겨지지 않고 너무 되면 딱딱해질 수 있어요.

접은 윗면에 찹쌀풀(1)을 바른 뒤 참깨 또는 고춧가루를 뿌리고,

> 완전히 말려서 나중에 가위로 자르려고 하면 쉽게 부서지기 때문에 조금 꾸덕꾸덕해졌을 때 잘라주는 것이 좋아요.

전자레인지에 찹쌀풀 바른 김을 넣어 2분간 돌린 뒤 한입 크기로 잘라 1분간 더 돌리고,

황금팁 3

기름 온도는 소금으로 확인하세요

집에서 기름 온도를 확인하긴 쉽지 않죠. 그럴 때 소금을 조금 넣어주세요. 소금이 맑은 소리를 내며 튀겨지면 약 160℃ 정도라고 볼 수 있어요. 이때 말린 김을 넣어 튀겨주세요. 너무 오래 튀기면 기름을 많이 먹을 수 있으므로 양쪽 면을 번갈아 4초씩 튀긴 후 건져내세요.

팬에 식용유($\frac{1}{2}$컵)를 부어 센 불로 달군 뒤 중간 불로 줄여 말린 김을 넣어 앞뒤로 4~5초간 튀기고,

그릇에 보기 좋게 담아 마무리.

14 만능 생선 무조림

부드러운 식감에 짭조름하게 간이 밴 무조림은 생선 없이도 충분히 매력적이죠.
무는 연필 깎듯이 깎아 단단한 부분과 연한 부분이 골고루 섞이도록 해주세요.
양념을 넣기 전에 무를 먼저 익히는 게 맛있는 무조림을 만드는 포인트!
생선은 마지막에 넣어 익혀야 생선살도 탱탱하고 비린내도 안 나요.

★황금팁★

무는 연필 깎듯이 썰어주세요

양념 재료는 따로 넣어서 조리해요

4인분

필수 재료

- 고등어 2마리 — 다양한 생선을 활용해도 좋아요.
- 무($\frac{1}{2}$개)
- 양파($\frac{1}{2}$개)
- 다시마(1장=5×5cm)

양념

- 까나리액젓(5)
- 꿀(3)
- 고춧가루(3)

NO. 14

"만능 생선 무조림"

1

무는 껍질을 제거한 뒤 반으로 썰어 2cm 두께로 큼지막하게 어슷 썰고, 양파는 채 썰고,

황금팁 1

무는 연필 깎듯이 썰어주세요

무는 끝부분이 단단해요. 연필 깎듯이 썰면 익을 때 단단한 부분과 덜 단단한 부분이 같이 익는 효과가 있어요. 두툼한 두께는 살리면서 끓이는 시간을 줄이려면 두께는 6cm 정도면 돼요.

황금팁 2

양념 재료는 따로 넣어서 조리해요

무조림을 할 때 양념을 하나씩 따로따로 넣고 조리는 것이 간도 더 잘 배고 깊은 맛을 낼 수 있어요. 또한 무가 쫀득쫀득하게 익게 돼요. 반대로 무에 양념장을 끼얹어서 끓이면 무에서 수분이 빠져서 속까지 다 익지 않고 간이 덜 배게 돼요.

2

끓이는 동안 자주 저으면 오히려 무가 쉽게 으스러질 수 있으니 중간에 한 번씩만 주변을 둘러 숟가락으로 저어주세요.

팬에 썬 무, 양파, 다시마, 물(5컵)을 순서대로 넣어 센 불에서 끓이고.

3

끓어오르면 다시마를 건져내고 까나리액젓, 고춧가루, 꿀을 순서대로 넣어 15분간 센 불에서 끓이고,

4

팔팔 끓을 때 생선을 넣어야 비린내도 안 날뿐더러 생선살도 으스러지지 않아요.

손질한 생선을 넣고 중간 불로 줄여 15분간 뜸들이듯 조려 마무리.

15 만능 콩나물찜

찜요리의 감초 역할을 하는 콩나물을 주연으로 만들어봤어요.
콩나물을 아삭하게 삶은 뒤 양념장에 후루룩 볶기만 하면 완성!
양념은 따로따로 넣어주는 게 더 맛있답니다.

★ 황금팁 ★

#1 아삭한 콩나물 삶기 → #2 가루 양념장을 쓰세요

2인분

필수 재료

☐ 삶은 콩나물(500g)

양념

☐ 다진 마늘(2)
☐ 다진 대파(3)
☐ 고춧가루(5)
☐ 설탕(2)
☐ 소금(1)
☐ 전분물($\frac{1}{2}$컵)

전분물은 전분과 물을 1:1 비율로 섞어 만들어요.

NO. 15

"만능 콩나물찜"

1

팬에 식용유(3)를 둘러 다진 마늘, 대파를 넣고 30초간 중간 불에서 볶고,

콩나물은 곱슬이 콩나물과 일자 콩나물이 있어요. 곱슬이 콩나물은 삶으면 질겨질 수 있으므로 통통한 일자 콩나물을 써서 아삭한 식감을 살려보세요.

2

삶은 콩나물을 넣고 1분간 더 볶고,

3

볶은 콩나물 가운데 부분을 동그랗게 파서 고춧가루, 설탕 소금, 전분물을 넣고 센 불로 바꾸고,

황금팁 1

아삭한 콩나물 삶기

아삭한 콩나물 삶기 '123 법칙' 만 기억하세요. 1kg의 콩나물을 2분간 삶고 3분간 찬물에 담가 놓으면 돼요.

4

양념을 섞고 1분간 빠르게 약 50회 저으며 볶아서 마무리.

황금팁 2

가루 양념장을 쓰세요

물에 갠 양념으로 간을 하게 되면 물이 생겨나서 간이 잘 배지 않고 양념이 흐르게 돼요. 마른 가루는 수분을 흡착하려는 성질을 가지고 있고, 콩나물과 양념 간에 온도의 편차가 없기 때문에 마른 가루로 간을 하면 감칠맛이 나고 간이 더욱 잘 배어든 찜을 만들 수 있어요.

16 꼬막무침

탱글탱글하게 삶은 꼬막은 다른 양념 없이도 별미인데요.
오이를 넣어 매콤하게 무쳐주면 반찬으로도 술안주로도 훌륭하답니다.
꼬막의 향과 육질이 잘 살아 있도록 삶는 게 포인트!

★황금팁★

#1 꼬막 맛있게 삶는 팁

↓

#2 꼬막 까는 법

2인분

필수 재료
- 꼬막(500g)
- 오이($\frac{1}{2}$개)
- 쪽파(5대)

양념
- 고춧가루(1.5)
- 간장(1)
- 다진 마늘(0.3)
- 물엿(2)

NO. 16

"꼬막무침"

1 오이는 반 갈라 어슷 썰고, 쪽파는 3cm 길이로 썰고, 냄비에 꼬막이 잠길 정도의 물을 넣어 센 불에서 끓이고,

황금팁 1

꼬막 맛있게 삶는 팁

꼬막은 물이 끓기 바로 전 기포가 보글보글 올라올 때 넣어줘야 꼬막 살이 꽉 차고 질기지 않아요. 또한 꼬막을 넣고 한 방향으로만 저어야 탱글탱글한 식감의 꼬막을 맛볼 수 있어요.

2 끓어오르면 꼬막을 넣어 한 방향으로 저으며 꼬막이 입을 벌릴 때까지 데치고,

황금팁 2

꼬막 까는 법

꼬막 뒷부분에 숟가락을 넣고 살짝 비틀어주면 꼬막 껍질이 쉽게 열려요

3 데친 꼬막은 껍질을 제거해 살만 바르고,

4 양념에 손질한 꼬막과 채소를 넣고 살살 버무려 마무리.

> 꼬막 살이 부서지지 않게 살살 버무리는 게 중요해요.

17 차돌박이 된장찌개

매일 먹는 된장찌개가 단조롭게 느껴질 때 차돌박이를 더해보세요.
단번에 된장찌개의 품격이 높아진답니다.
차돌박이를 식용유로 밑간하면 고기가 더 부드러워지고 국물의 풍미도 좋아져요.

★황금팁★

#1 식용유로 고기를 밑간하세요

#2 된장은 육수가 바글바글 끓을 때 넣으세요

4인분

필수 재료
- 차돌박이(200g)

선택 재료
- 두부($\frac{1}{2}$모=150g)
- 애호박($\frac{1}{2}$개)
- 양파($\frac{1}{2}$개)

육수 재료
- 다시마(4×2cm, 3장)
- 국물용 멸치(6개)
- 무(1토막=150g)
- 대파(1대)

양념
- 된장(1)
- 고춧가루(1)
- 다진 마늘(0.5)

NO. 17
"차돌박이 된장찌개"

냄비에 물(10컵)을 넣고 끓어오르면 육수 재료를 넣고 센 불에서 10분간 끓인 뒤 체에 밭쳐 육수만 거르고,

끓여둔 맛국물은 국, 찌개, 조림용 육수로 쓸 수 있지만, 재료가 없을 때는 생수를 사용해도 괜찮아요.

황금팁 1

식용유로 고기를 밑간하세요

차돌박이를 식용유로 밑간하면 고기 속에 있는 포화지방산과 식물성 기름 속의 불포화지방산이 만나 기름이 중화되는 현상이 나타나요. 이 중화된 기름이 바깥으로 흘러나오지 않고 고기 속에 스며들기 때문에 고기가 더 부드러워지면서 풍미가 생기고 끓였을 때 국물에 우러나 감칠맛 나는 차돌박이 된장찌개를 끓일 수 있어요.

황금팁 2

된장은 육수가 바글바글 끓을 때 넣으세요

된장은 국물이 바글바글 끓을 때 넣으세요. 처음부터 함께 끓여도 좋은 집된장과 달리 시판용 된장은 팔팔 끓을 때 넣어서 짧게 끓여주세요.

차돌박이에 식용유(0.5)를 넣고 주물러 밑간한 뒤 1분간 재우고, 두부, 애호박, 양파는 한입 크기로 썰고,

육수(4컵)를 냄비에 붓고 센 불에서 끓어오르면 된장, 고춧가루, 양파, 애호박, 두부, 다진 마늘을 넣어 3분간 재료가 익도록 끓이고,

한 번 더 끓어오르면 밑간한 차돌박이를 넣어 2분간 더 끓여 마무리.

18 갈치조림

야들야들한 갈치 살에 부드럽게 양념이 배어들어 입에 착 붙는 무에 반하는 갈치조림.
맛집 비결은 갈치를 소금물에 담가두어 갈치 살을 탱글탱글하게 해주는 거예요.
양념을 넣기 전에 갈치를 먼저 익혀야 살이 부드러워지고 고소한 맛도 유지돼요.

★ 황금팁 ★

#1 맛있는 갈치 고르는 팁

#2 갈치 살을 야들야들하게

#3 갈치 비린내 잡는 꿀팁

#4 갈치를 먼저 끓인 뒤 나중에 양념을 하세요

NO. 18

"갈치조림"

필수 재료
- 손질한 갈치(2토막)
- 무($\frac{1}{4}$토막)
- 다진 소고기(50g)

선택재료
- 감자($\frac{1}{4}$개)
- 대파($\frac{1}{2}$대)

양념장
- 설탕(0.3)
- 표고버섯가루(0.3)
- 후춧가루(약간)
- 소금(0.3)
- 간장(2)
- 고춧가루(1.5)
- 다진 마늘(0.5)

1 감자와 무는 1cm 두께로 썰고, 대파는 5cm 길이로 2등분해 길게 반으로 자르고,

2 냄비에 물(2컵), 무와 감자, 손질한 갈치, 다진 소고기를 넣고 센 불로 끓이고,

황금팁 1

맛있는 갈치 고르는 팁

갈치 머리와 눈이 작고 윤기가 흘러야 살이 단단하고 맛이 좋아요. 무게는 900g~1kg정도가 적당해요. 지느러미를 꼼꼼히 제거해야 비린내가 나지 않아요.

황금팁 2

갈치 살을 야들야들하게

토막 낸 갈치를 소금물에 넣어서 15분간 두면 갈치 살이 야들야들해져요.

3 국물 위에 뜬 기름 등을 국자나 숟가락으로 걸러내며 10분간 더 끓이고,

황금팁 3

갈치 비린내 잡는 꿀팁

갈치의 단면을 보면 내장과 고인 피를 볼 수 있어요. 우선 큰 내장은 손으로 눌러서 빼준 뒤 젓가락을 이용해서 제거되지 않은 내장과 고인 피를 깨끗하게 빼주세요. 내장과 피를 제거한 물을 버리고 손질한 갈치를 두 번 이상 흐르는 물에 헹궈주면 비린내가 사라져요.

황금팁 4

갈치를 먼저 끓인 후 나중에 양념을 하세요

갈치에 처음부터 양념을 넣고 끓이면 살 자체가 단단해지지만 갈치를 먼저 끓이고 나중에 양념을 하면 살이 부드러워져요. 갈치 속에 들어 있는 단백질 성분이 밖으로 빠져나오지 않기 때문에 부드러운 맛과 고소한 맛을 유지할 수 있어요.

양념장 넣을 때 고춧가루와 다진 마늘은 나중에 넣어야 탕이 끓어 넘치는 것을 방지할 수 있어요.

양념장을 넣어 7분간 센불에서 끓이고,

대파를 넣고 3분간 더 끓여서 마무리.

19 봄동 겉절이 & 봄동된장무침

싱그러운 연두색이 식욕을 자극하는 봄동은 겉절이로도, 무침으로도 활용하기 좋은데요.
잎이 연한 속잎은 겉절이로, 단단한 겉잎은 데쳐서 무침으로 즐겨보세요.
속잎과 양념을 번갈아 쌓아 넣고 최대한 손이 닿지 않게 가볍게 무치는 게 포인트!
사과와 양파를 갈아 넣은 양념이 상큼함을 더해줘요.

★ 황금팁 ★

#1 신선한 봄동 고르는 법

#2 양념장에는 대파의 흰 부분만 쓰세요

#3 봄동 겉절이 맛을 좌우하는 한 수!

4 인분

필수 재료
- 봄동(속잎 1포기)

양념
- 사과($\frac{1}{2}$개)
- 양파($\frac{1}{2}$개)
- 멸치액젓(5)
- 고춧가루(4)
- 매실청(1)
- 다진 마늘(1)
- 다진 대파(1)
- 참깨(1)

NO. 19

"봄동 겉절이"

황금팁 1

신선한 봄동 고르는 법
봄동은 표면에 상처가 없고 싱싱하면서 안은 초록색인 것을 고르세요.

봄똥은 잎을 하나씩 떼어 흐르는 물에 깨끗이 씻어 물기를 빼고,

황금팁 2

양념장에는 대파의 흰 부분만 쓰세요
파 속에는 유황 성분이 다량 함유돼 있어요. 특히 대파의 흰 부분은 채소요리나 나물무침에 사용하면 맛을 더 좋게 해줄 뿐 아니라 봄동을 더 향긋하고 신선하게 유지해줘요. 반면 고기와 같은 지방이 많은 재료에는 대파의 초록 부분이 잡냄새를 잡아줘요.

사과, 양파는 믹서에 넣고 갈고,

보통 겉절이 양념에는 대파가 들어가지 않지만 맛집은 다진 대파를 꼭 넣었어요. 대파 흰 부분은 봄동의 맛을 더 향긋하게 만들어주고 신선도가 오래 유지되는 역할을 해 줘요.

믹서에 간 재료에 나머지 **양념** 재료를 넣어 섞고,

봄동에 양념을 조금씩 나눠서 넣어 살살 버무리고, 참깨를 뿌려 마무리.

4 인분

필수 재료
- 봄동(겉잎 1포기)

양념
- 굵은소금(0.5)
- 된장(1)
- 고추장(0.5)
- 다진 마늘(0.5)
- 들기름(1)
- 참깨(1)

"봄동된장무침"

1 봄동은 잎을 하나씩 떼어 흐르는 물에 깨끗이 씻고,

💬 속잎과 달리 겉잎은 억세고 두껍기 때문에 살짝 데쳐야 간도 잘 배고 부드러워져요.

2 냄비에 물을 넉넉히 부어 굵은 소금(0.5)을 넣고 끓으면 봄동을 넣어 1분간 살짝 데쳐낸 뒤 찬물에 담가 건져내고,

3 데친 봄동의 물기를 꼭 짜고 먹기 좋은 크기로 썰고,

황금팁 3

봄동 겉절이 맛을 좌우하는 한 수!
속잎과 양념을 조금씩 번갈아가면서 쌓고 최대한 손이 닿지 않게 해야 풋내가 나지 않아요.

4 된장, 고추장, 다진 마늘, 들기름을 넣고 조물조물 무치고, 마지막에 참깨를 뿌려 마무리.

PART 3
볶음요리

01 잡채

달콤 짭조름한 맛에 자꾸만 손이 가는 잡채는 잔칫상 단골메뉴죠.
각종 채소에 고기, 당면까지 들어가 과정이 복잡하고 어렵게 느껴지는데요.
요령만 알면 맛있는 잡채를 손쉽게 만들 수 있어요.
당면은 미리 불릴 필요 없이 양념한 물에 식용유를 더해 삶아주고,
채소와 고기를 따로 볶아 양념에 모두 버무리면 완성!

★황금팁★

#1 식용유를 넣어야 달라붙지 않아요

#2 당면은 불릴 필요가 없어요

NO.01

"잡채"

필수 재료
- □ 양파(1개)
- □ 당근($\frac{1}{2}$개)
- □ 부추(60g)
- □ 돼지고기(잡채용 150g)
- □ 당면(300g)

밑간
- □ 소금(0.5)
- □ 후춧가루(0.5)

당면 삶는 물
- □ 흑설탕($\frac{2}{3}$컵)
- □ 물(6컵)
- □ 간장($\frac{2}{3}$컵)
- □ 식용유(6)

잡채 소스
- □ 흑설탕(0.5)
- □ 간장(0.5)
- □ 참기름(6)
- □ 다진 마늘(0.5)

양념
- □ 참깨(약간)

양파와 당근은 같은 길이로 채 썰고, 부추도 같은 길이로 등분하고,

돼지고기는 밑간해 10분간 재워두고,

황금팁 1

식용유를 넣어야 달라붙지 않아요

당면을 삶을 때 식용유(6)를 넣으면 간도 잘 배고 달라붙지 않게 코팅하는 역할을 해줘요.

냄비에 당면 삶는 물을 넣고 끓어오르면 당면을 넣어 7분 30초간 삶고,

황금팁 2

당면은 불릴 필요가 없어요

마른 당면을 그대로 당면 삶는 물에 넣고 7분 30초 정도만 센 불로 끓이면 면이 투명해질 정도로 잘 익어요. 불린 당면을 사용하면 면발이 퍼지고 달라붙게 돼요.

중간 불로 달군 팬에 손질한 채소를 볶아 꺼내고, 같은 팬에 돼지고기를 볶고,

삶은 당면을 건져 잡채 소스를 넣고 버무린 뒤 볶은 채소와 돼지고기를 넣어 버무리고,

참깨를 넣어 버무리고 그릇에 먹기 좋게 담아 마무리.

02 참치김치볶음밥

비상 식재료 참치 한 캔이면 집에 마땅한 재료가 없을 때도 든든하죠.
자주 해먹는 참치김치볶음밥도 순서를 지켜줘야 더 맛있답니다.
참치부터 볶아 비린내를 날리고, 김치는 잘게 썰어 넣어주세요.
마지막으로 들기름을 둘러주면 풍미까지 업그레이드!

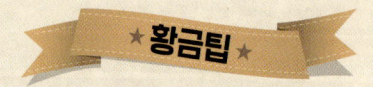

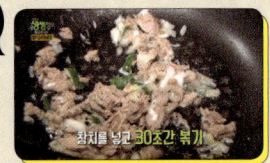

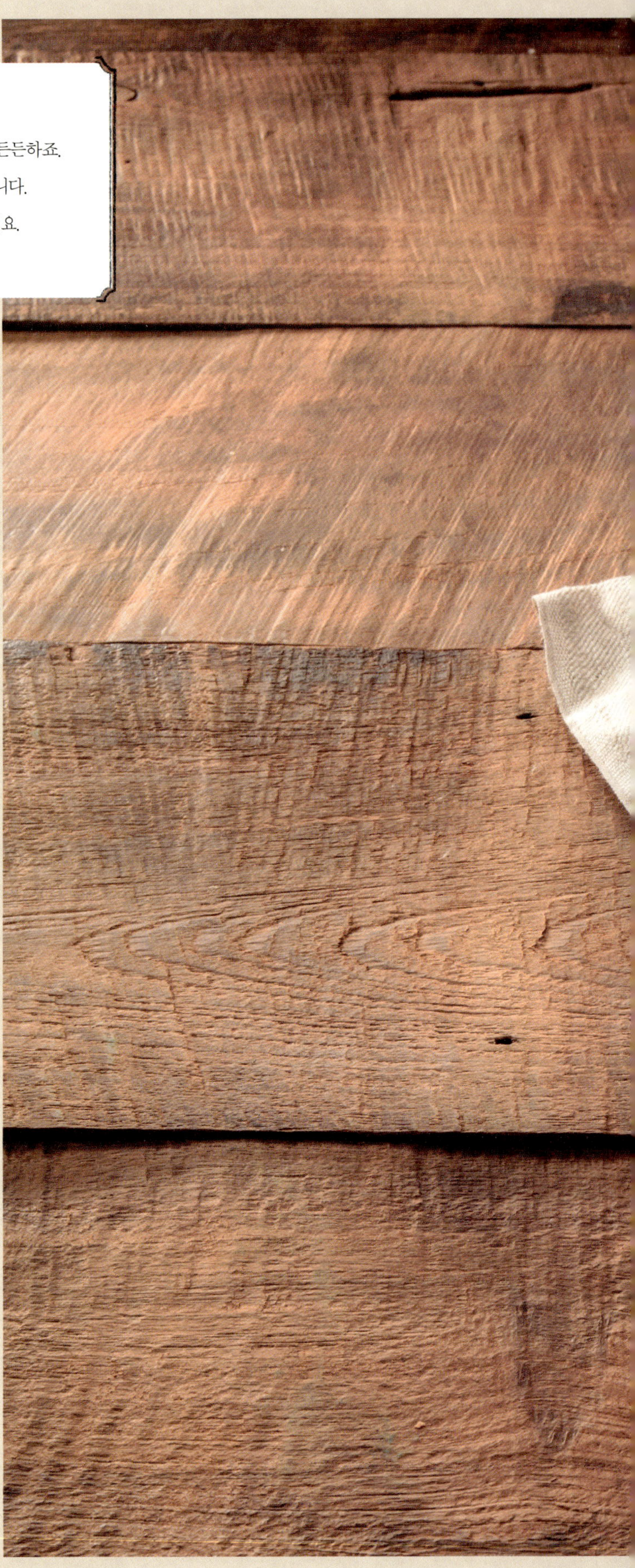

황금팁

#1

볶음밥은 순서가 제일 중요해요

↓

#2

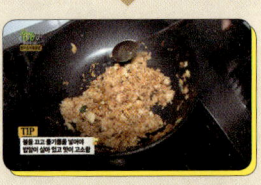

들기름은 불을 끄고 넣으세요

NO. 02
"참치김치볶음밥"

필수 재료
- ☐ 통조림 참치(2)
- ☐ 다진 김치(2)
- ☐ 밥(1공기)

참치 기름은 버리지 말고 남겨두세요.

선택 재료
- ☐ 달걀프라이(1개)

양념
- ☐ 다진 양파(1)
- ☐ 다진 파(1)
- ☐ 다진 마늘(0.3)
- ☐ 고추장(0.3)
- ☐ 고춧가루(0.3)
- ☐ 들기름(0.5)

중간 불로 달군 팬에 참치 기름(2)을 둘러 다진 양파(1), 다진 파(1), 다진 마늘(0.3)을 넣은 뒤 30초간 볶고,

황금팁 1

볶음밥은 순서가 제일 중요해요
김치찌개와 달리 볶음밥은 중간 불로 맞추고, 참치를 먼저 넣고 볶아야 비린내도 안 나고 부드러워져요.

참치(2)를 넣어 30초간 볶은 뒤 다진 김치(2)를 넣어 30초간 더 볶고,

고추장(0.3), 고춧가루(0.3)를 넣어 30초간 볶고,

밥을 넣어 2분간 볶고,

들기름은 불을 끄고 넣으세요
들기름은 발연점이 낮아 불을 끄고 넣어야 밥알이 살아 있고 고소한 맛과 향이 가득해져요.

불을 끈 뒤 들기름(0.5)을 넣어 고루 섞고 달걀 프라이를 올려 마무리.

03 소불고기

한국인이 사랑하는 소불고기는 집에서 자주 만드는 단골 메뉴인데요.
불고기가 뻣뻣해지거나 너무 짜게 만들어진다면 다음 포인트를 참고해주세요.
소고기는 핏물을 제거한 뒤 매실액으로 밑간해 육질을 부드럽게 해주고,
사과, 배, 양파를 갈아 만든 양념장에 30분 정도만 재워두세요.
볶을 때는 최소한으로 저어줘야 고기가 흐물흐물해지지 않는답니다.

★황금팁★

#1 소고기에 매실액을 넣으세요

#2 소고기를 볶을 때는 최소한으로 저으세요

필수 재료
- 양파(½개)
- 당근(⅓개)
- 대파(10cm)
- 소고기(앞다릿살 400g)

밑간
- 매실액(2)

양념장 재료
- 배(⅛개)
- 사과(⅛개)
- 양파(¼개)
- 물(2)
- 간장(3)
- 설탕(2)
- 참기름(2)
- 다진 마늘(0.3)
- 후춧가루(약간)
- 생강가루(약간)

양념
- 참기름(0.5)

NO. 03

"소불고기"

양파는 굵게 채 썰고,
당근은 반 갈라 어슷 썰고,
대파도 어슷 썰고,

핏물을 제거한 소고기는 밑간해 고루 버무린 뒤
5분간 재워두고,

황금팁 1

소고기에 매실액을 넣으세요

매실액을 이용해 고기 밑간을 하면 매실 속에 있는 비타민 C가 고기에서 빠져나오는 수용성 성분을 다시 빨아들이는 효과가 있어요. 양념장에 매실액을 섞는 것보다 고기에 살짝 덮어주는 것이 훨씬 더 육질을 연하게 만들어줘요.

믹서에 배, 사과, 양파(¼개)를 넣어 간 뒤
나머지 양념장 재료와 고루 섞고,

밑간한 고기를 양념장에 버무린 뒤
30분간 냉장실에서 숙성하고,

**소고기를 볶을 때는
최소한으로 저으세요**

고기를 볶을 때 많이 저으면 육즙이 빠지고 물이 생기기 쉬워요. 뒤적이는 횟수를 최소한으로 줄여보세요.

센 불로 달군 팬에 고기를 넣어 1분에 한 번씩 뒤집으며
핏기가 없어질 정도로 3분간 볶고,

손질한 채소를 넣어 30초간 볶고
불을 끈 뒤 참기름(0.5)을 둘러 마무리.

04 해물볶음면

해물이 푸짐하게 들어간 해물볶음면으로 일식 메뉴 부럽지 않은 일품요리를 즐겨보세요.
좋아하는 해물을 골라 한 번 데친 뒤 각종 채소와 함께 센 불에 볶아내면 돼요.
면수를 넣어 수분을 조절하고, 볶은 뒤 식용유를 한 스푼 넣어주는 것이 맛집 포인트예요.

★ 황금팁 ★

#1 해물은 데친 뒤 사용하세요

#2 볶은 뒤 식용유를 한 번 더 둘러주세요

#3 면수를 넣고 볶으세요

1인분

필수 재료
- ☐ 양파($\frac{1}{4}$개)
- ☐ 새송이버섯(2개)
- ☐ 대파(7cm)
- ☐ 오징어($\frac{1}{2}$마리)
- ☐ 칵테일 새우(5~6개)
- ☐ 홍합(5~6개)
- ☐ 우동면(1개)

선택 재료
- ☐ 피망($\frac{1}{2}$개)
- ☐ 가다랑어포($\frac{1}{2}$줌)

양념
- ☐ 다진 마늘(0.5)

소스
- ☐ 굴소스(2)
- ☐ 설탕(1)
- ☐ 쌈장(0.5)
- ☐ 고춧가루(0.3)
- ☐ 참기름(0.3)
- ☐ 후춧가루(약간)

NO. 04

"해물볶음면"

1 양파, 새송이버섯, 피망은 얇게 채 썰고, 대파는 어슷 썰고, 오징어는 4×1cm 길이로 썰고,

2 끓는 물에 오징어, 칵테일 새우, 홍합을 넣어 10초간 데쳐 건지고,

황금팁 1

해물은 데친 뒤 사용하세요

해물을 한 번 데치면 육질도 연해지고 조리 시 물이 덜 생겨요. 또한 전체적으로 풍미가 더욱 깊어지고 비린 맛을 제거할 수 있어요. 데치기 전에 소금 한 꼬집만 넣어주면 해물의 영양분 손실도 막을 수 있어요.

면수는 버리지 말고 남겨두세요.

우동면 대신 라면 사리로 대체해도 좋아요.

3 다른 냄비에 물을 넣고 끓어오르면 우동면을 넣어 10초간 데쳐 건지고,

센 불로 달군 팬에 식용유(2)를 둘러
채 썬 양파와 어슷 썬 대파,
다진 마늘(0.5)을 넣어 30초간 볶고,

황금팁 2

볶은 뒤 식용유를 한 번 더 둘러주세요

식용유를 또 넣는 이유는 채소가 물과 기름을 잘 흡수해서 볶기가 쉽지 않기 때문이에요. 소스랑 잘 버무려지도록 두 숟가락 정도 식용유를 추가해주세요.

채 썬 새송이버섯, 피망을 넣어 30초간 더 볶다가
데친 해물과 소스, 식용유(2)를 넣어 30초간 볶고,

황금팁 3

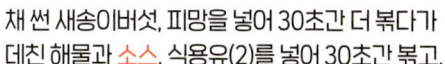

면수를 넣고 볶으세요

면 삶은 물을 넣지 않고 조리하면 면의 수분이 날아가 뻑뻑해질 수 있어요. 면 삶은 물을 넣으면 면이 부드러워질 뿐 아니라 맛이 어우러지게 하고, 간이 더 빨리 배게 하는 역할도 해요.

데친 면을 넣고 면수($\frac{1}{2}$ 컵)를 넣어
1분간 저어가며 볶고, 그릇에 담고
가다랑어포를 뿌려 마무리.

05 순대볶음

분식집 단골 메뉴 순대를 집에서 즐길 땐 순대볶음이 제격인데요.
시판 순대를 사다가 찜기에 15분 찌면 딱 알맞게 쪄져요.
사골육수를 넣으면 깊은 맛을 낼 수 있지만 없다면 까나리액젓이나 간장으로 대체해요.
양념을 먼저 끓이고 순대는 마지막에 넣어 살짝 볶아야 터지지 않아요.

★ 황금팁 ★

#1 순대는 딱 15분만 삶으세요

#2 순대 써는 모양에 따라 맛도 달라요

#3 간 양파는 양념장에 섞지 말고 따로 넣으세요

#4 사골육수가 없을 땐 까나리 액젓과 간장으로 대체하세요

NO. 05

"순대볶음"

필수 재료
- 당면(1줌=100g)
- 양배추(5장)
- 깻잎(5장)
- 대파(10cm)
- 시판 순대(1팩=400g)

선택 재료
- 떡볶이떡(5개)

양념장
- 고춧가루(1.5)
- 청양 고춧가루(1)
- 소주(2)
- 간장(0.5)
- 다진 마늘(0.5)
- 다진 생강(0.3)
- 된장(0.5)
- 고추장(1)
- 후춧가루(약간)

육수
- 물(1컵)
- 까나리액젓(1)
- 간장(0.5)

양념
- 고춧가루(1)
- 들깻가루(2)
- 간 양파(1)

1
당면은 찬물에 30분 동안 넣어 불리고, **양념장**과 **육수**를 만들고,

2
양배추는 굵게 채 썰고, 깻잎은 얇게 채 썰고, 대파는 송송 썰고,

황금팁 1

순대는 딱 15분만 삶으세요
순대를 찜기에 찔 때는 물이 끓고 나서 15분이면 충분해요. 너무 오래 삶으면 순대가 터질 수 있어요.

3
찜기에 김이 오르면 순대를 넣어 15분간 찐 뒤 1cm 두께로 어슷 썰고,

황금팁 2

순대 써는 모양에 따라 맛도 달라요
시중에서 파는 순대는 급랭한 뒤 녹이는 방식을 반복하기 때문에 순대가 딱딱하게 굳게 돼요. 이런 순대는 토막 썰기보다는 얇게 어슷 썰어야 간이 잘 배고 열의 침투가 빠르기 때문에 부드러운 순대를 즐길 수 있어요.

중간 불로 달군 팬에 식용유(1)를 둘러 송송 썬 대파를 넣은 뒤 1분간 볶다가 고춧가루(1)를 넣어 1분간 더 볶고,

황금팁 3

간 양파는 양념장에 섞지 말고 따로 넣으세요

간 양파를 양념장에 미리 섞으면 다른 양념과 섞여서 고유의 맛을 내기 어려워요. 나중에 따로 넣어야 단맛과 산뜻한 맛을 낼 수 있어요.

황금팁 4

사골육수가 없을 땐 까나리액젓과 간장으로 대체하세요

까나리액젓과 간장을 섞어서 볶음요리에 육수로 사용해보세요. 사골육수의 깊은 맛을 내긴 어렵지만 비린 맛을 없애줄 뿐 아니라 감칠맛도 충분히 살릴 수 있어요.

물($\frac{1}{2}$컵), 양념장(1.5), 들깻가루(2), 간 양파(1)를 넣어 고루 저어준 뒤 육수(1컵)를 넣고,

끓어오르면 떡볶이떡, 양배추, 깻잎, 불린 당면, 순대를 넣고 센 불에서 2분간 볶아 마무리.

06 고추잡채

당면 넣은 잡채와는 또 다른 매력이 있는 고추잡채.
꽃빵을 곁들이면 끝도 없이 들어가죠.
고기를 달걀흰자로 밑간하면 육질이 더욱 부드러워지고,
채소는 센 불에 재빠르게 볶아야 아삭아삭한 식감이 살아나요
마지막에 고추기름을 둘러 매운 풍미를 살려주세요.

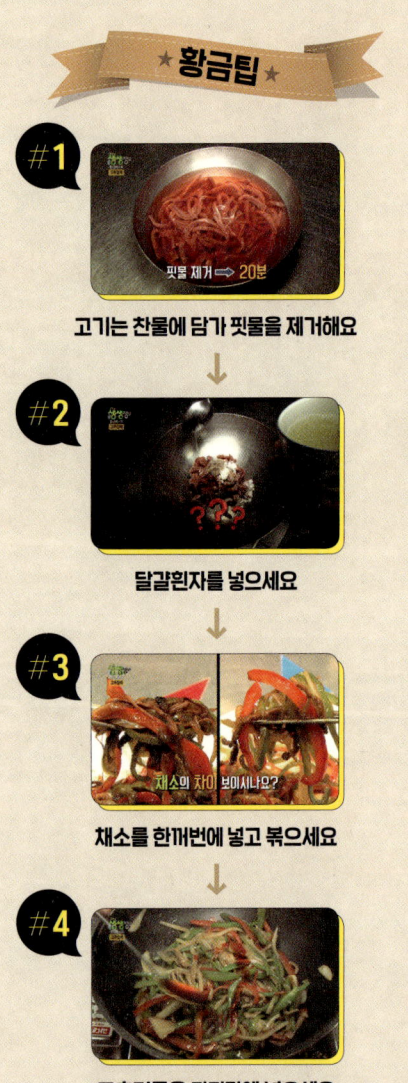

★ 황금팁 ★

#1 고기는 찬물에 담가 핏물을 제거해요

#2 달걀흰자를 넣으세요

#3 채소를 한꺼번에 넣고 볶으세요

#4 고추기름은 마지막에 넣으세요

NO. 06

"고추잡채"

필수 재료
- 양파(1개)
- 청피망(2개)
- 홍피망(1개)
- 소고기(안심 100g)
- 대파 흰 부분(7cm)
- 마늘(2쪽)

밑간
- 감자전분(0.3)
- 달걀흰자(2)
- 청주(0.5)
- 후춧가루(약간)

양념
- 청주(0.5)
- 간장(0.5)
- 굴소스(1)
- 고추기름(1)
- 참기름(0.2)

양파, 청피망, 홍피망, 소고기는 6cm 길이로 가늘게 채 썰고, 대파는 송송 썰고, 마늘은 납작 썰고,

고기는 찬물에 담가 핏물을 제거해요
소고기는 불순물과 누린내를 제거하기 위해 찬물에 20분간 담가 핏물을 빼세요.

채 썬 소고기는 밑간해 버무리고,

달걀흰자를 넣으세요
소고기에 달걀흰자를 넣으면 육질을 부드럽게 할 뿐 아니라 비린내를 잡고 육즙이 빠져나오는 것을 방지할 수 있어요.

센 불로 달군 팬에 식용유(1)를 둘러 밑간한 소고기를 넣어 겉면의 색이 변할 때까지 익혀 꺼내고,

152

센 불로 달군 같은 팬에 식용유(2)를 둘러 납작 썬 마늘과 송송 썬 대파를 넣어 1분간 볶다가 청주(0.5)를 넣어 고루 섞고,

황금팁 3

채소를 한꺼번에 넣고 볶으세요

고추잡채를 할 때는 채소를 나눠서 넣는 것보다 한꺼번에 넣는 게 오히려 채소의 질감과 맛을 살릴 수 있어요. 여러번 나누어서 볶으면 열에 익으면서 아삭함이 떨어질 수 있으므로 한 번에 빨리 볶는 게 더 좋아요.

채 썬 모든 재료를 한 번에 넣어 30초간 볶다가 간장(0.5), 굴소스(1)를 넣어 센 불에서 3~5분간 볶고,

고추기름(1)을 둘러 30초간 볶다가 불을 끄고 참기름(0.2)을 뿌려 마무리.

황금팁 4

고추기름은 마지막에 넣으세요

고추기름을 처음부터 넣으면 풍미나 매운맛이 날아갈 수 있어요. 풍미를 살리기 위해 마지막에 고추기름을 넣으세요.

07 고추장삼겹살

고추장이 들어가지 않은 고추장삼겹살을 소개할게요.
고춧가루만 사용해 양념장을 만들면 텁텁함 없이 더 깔끔하게 즐길 수 있답니다.
팬을 충분히 예열하고 고기를 볶아야 잡내도 날아가고 육즙도 꽉 잡아줘요.

★황금팁★

#1

고춧가루로 양념을 해보세요

↓

#2

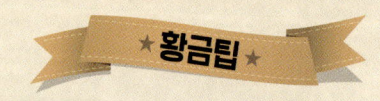

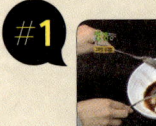

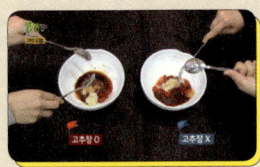

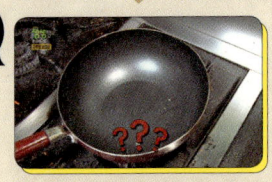

팬을 2분간 충분히 달구세요

4인분

필수 재료
- 냉동 삼겹살(구이용 400g)
- 양파($\frac{1}{2}$개)
- 대파(15cm)

만능 양념장 재료
- 배($\frac{1}{8}$개)
- 양파($\frac{1}{4}$개)
- 고춧가루(7.5)
- 설탕(1.5)
- 간장(4)
- 다진 마늘(0.5)
- 올리고당(1.5)

NO. 07

"고추장삼겹살"

고추장 삼겹살은 센 불에 빨리 익히고 양념을 잘 배게 하기 위해서 얇게 써는 게 좋아요.

냉동 삼겹살은 4cm 크기로 자르고, 양파($\frac{1}{2}$개)는 굵게 채 썰고, 대파는 반 갈라 4cm 길이로 썰고,

믹서에 배, 양파를 넣어 곱게 갈아 나머지 만능 양념장 재료와 고루 섞고,

황금팁 1

고춧가루로 양념을 해보세요

고춧가루만 사용하면 지방이 덜 빠져나오기 때문에 더 부드럽고 감칠맛이 나며 깔끔하게 즐길 수 있어요. 반대로 고추장이 많이 들어가면 지방이 빠져나오기 때문에 전체적으로 텁텁한 맛이 날 수 있어요.

황금팁 2

팬을 2분간 충분히 달구세요

삼겹살을 볶을 땐 센 불에서 2분간 예열한 후 볶는 게 좋아요. 팬이 덜 달궈졌을 때 고기를 볶으면 고기 누린내가 나고 육즙이 빠져서 맛이 없어져요. 물도 많이 생기니 꼭 팬을 예열해주세요.

센 불로 2분간 달군 팬에 삼겹살을 넣어 1분간 볶고,

채 썬 양파를 넣어 1분간 볶다가 대파를 넣어 30초간 볶고,

만능 양념장(3)을 넣고 고루 버무리듯 볶아 마무리.

08 돼지고기두루치기

양념장만 있으면 순식간에 완성되는 돼지고기두루치기예요.
양파와 사과를 갈아 넣으면 숙성하지 않고도 깊은 맛을 낼 수 있답니다.
양념한 고기를 센 불에서 오래 볶으면 탈 수 있으니 불조절을 해가며 재빨리 익혀주세요.

#1 양념장은 숙성하지 않아도 돼요

#2 고기에 양념은 50번 이하로 버무려주세요

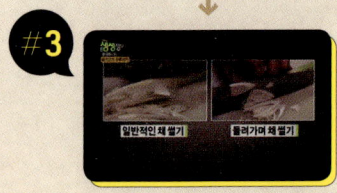
#3 파채는 돌려가며 채 썰기

NO. 08
"돼지고기두루치기"

필수 재료
- □ 양파(½개)
- □ 대파(15cm, 2대)
- □ 돼지고기(두루치기용 앞다릿살 600g)

> 돼지고기는 4mm 두께로 준비해요.

양념장 재료
- □ 양파(½개)
- □ 사과(¼개)
- □ 청양고추(2개)
- □ 고춧가루(4)
- □ 고추장(0.3)
- □ 간장(5)
- □ 매실청(3)
- □ 올리고당(2)

1 양파는 채 썰고, 대파(1대)는 어슷 썰고, 나머지 대파는 가늘게 채 썰고,

황금팁 1
양념장은 숙성하지 않아도 돼요
양념장을 숙성하면 나중에 물이 많이 생기고 신선함과 깊은 맛이 사라져 오히려 밋밋한 맛이 날 수 있기 때문에 양념을 숙성하지 않고 바로 사용하세요.

2 믹서에 배, 양파를 넣어 곱게 간 뒤 나머지 양념장 재료와 고루 섞고,

황금팁 2
고기에 양념은 50번 이하로 버무려주세요
고기에 양념을 버무릴 때는 50번 이하만 주물러주세요. 너무 많이 양념하고 고기를 버무리면 고기가 짓무르고 부서질 수 있어요. 고기에 양념이 적당히 잘 밸 정도로만 골고루 주물러주면 돼요.

3 돼지고기, 어슷 썬 대파, 양념장(1½컵)을 넣어 45~50회 정도 주물러 고루 버무리고,

1분에 한 번씩 총 2번 돼지고기를 뒤집어주세요.

센 불로 10초간 달군 팬을 약한 불로 줄인 뒤 버무린 돼지고기를 고루 펴 2분간 굽고,

파채는 돌려가며 채 썰기

파채를 썰 때 단면을 향해 길고 얇게 연필 깎듯이 돌려가면서 썰면 고기와 함께 먹을 때 두께가 얇고 적당한 길이로 즐길 수 있어요.

센 불로 올린 뒤 채 썬 양파를 넣어 30초간 볶아 그릇에 담고 채 썬 대파를 올려 마무리.

09 두부두루치기

두부 한 모 사다가 두툼하게 썰어 넣고 조림하듯 두루치기를 만들어보세요.
양념장에 멸치액젓을 더하면 고기를 넣지 않아도 감칠맛이 좋아진답니다.
두부가 자꾸 부서져 고민이라면 소금으로 재워 단단하게 만들어주세요.

★ 황금팁 ★

#1 두부 부서지지 않게 하는 법

↓

#2 두부가 타지 않게 하려면

 **2인분**

NO.09

"두부두루치기"

필수 재료
- 두부(1모=300g)
- 양파(1개)
- 대파(15cm)
- 풋고추(1개)
- 홍고추(1개)

> 부드러운 식감을 원하면 찌개용, 단단한 식감을 원하면 부침용 두부를 사용해요.

양념
- 소금(1)

양념장
- 멸치액젓(2)
- 국간장(1)
- 들기름(1)
- 고춧가루(2)
- 후춧가루(0.5)
- 고추장(1)
- 다진 마늘(1)
- 다진 대파(1)

1

두부는 1.5cm 두께로 도톰하게 썰고, 양파는 굵게 채 썰고, 대파와 고추는 어슷 썰고,

황금팁 1

두부 부서지지 않게 하는 법

두부와 소금만 있으면 부서지지 않을 만큼 두부를 단단하게 할 수 있어요. 접시 위에 소금 반 숟가락 뿌리고 그 위로 두부를 차곡차곡 펼쳐 담은 뒤 윗면에도 소금 반 숟가락 뿌려주세요. 소금을 5분 정도만 뿌려 놓으면 삼투압에 의해 수분이 빠져나와 두부가 단단해져요. 두부에서 나온 물은 버리세요.

2

두부에서 나온 물은 버리고 두부는 따로 헹구지 않아요.

그릇에 소금(0.5)을 뿌린 뒤 자른 두부를 담고 남은 소금을 뿌려 5분간 두고,

황금팁 2

두부가 타지 않게 하려면

양파를 프라이팬 바닥에 먼저 깔고 두부를 올리면 양파에서 수분이 나와서 두부가 팬에 달라붙지 않고 두부 바닥이 타지 않아요. 두부의 식감도 살리고 맛도 지킬 수 있는 방법이에요.

3

팬에 굵게 썬 양파 → 소금에 절인 두부 → **양념장**(4) 순으로 담은 뒤 물(1컵)을 붓고,

뚜껑을 닫은 뒤 센 불에서 5분간 끓이다가 중간 불로 줄여
뚜껑을 열고 3분간 양념장을 끼얹어가며 조리고,

대파와 풋고추, 홍고추를 넣고 1분간 더 끓여 마무리.

PART 4
별미요리

01 육회

담백하면서도 씹을수록 고소한 맛이 일품인 육회는
재료 본연의 신선한 맛을 최대한 살리는 게 포인트예요.
손의 온도가 영향을 미치지 않도록 조심조심 주무르고,
최상의 맛을 내는 양념 농축액도 알아두세요.

★ 황금팁 ★

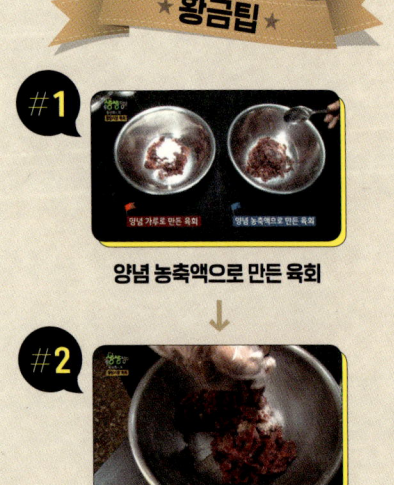

#1 양념 농축액으로 만든 육회

#2 손의 온도가 닿지 않도록 버무리기

NO.01

"육회"

2 인분

필수 재료
- 소고기(꾸리살 또는 우둔살, 홍두깨살 400g)

> 육회용 소고기는 도축한 지 이틀 이내의 고기를 고르는 것이 가장 좋아요.

양념 농축액 재료
- 설탕(10)
- 소금(5)
- 물(3$\frac{2}{3}$컵)
- 배($\frac{1}{4}$개)

> 배는 껍질과 씨를 제거해 주세요.

양념
- 설탕(4)
- 소금(1)
- 참기름(5)
- 후춧가루(1)

1. 소고기의 결 반대방향으로 7~8cm로 채 썰고,

> 꾸리살로 손질시 질긴 심은 제거해주세요.

황금팁 1

양념 농축액으로 만든 육회

육회는 가루 양념보다 액체 양념으로 만들면 맛이 더욱 살아나요. 설탕이나 소금을 직접 넣으면 양념이 겉도는 반면, 농축액으로 고기를 밑간하듯 버무리면 감칠맛이 고루 스며들 뿐 아니라 육질도 연해져요. 양념 농축액은 물, 설탕, 소금을 5 : 2 : 1 비율로 섞은 뒤 배를 넣고 졸이면 돼요.

2. 냄비에 비법양념장 재료를 넣어 중간 불로 15~20분간 졸인 뒤 한 김 식히고,

황금팁 2

손의 온도가 닿지 않도록 버무리기

고기는 빠른 시간 안에 간이 배도록 버무려야 해요. 천천히 버무리면 손의 온도 때문에 신선도가 떨어지고 핏물이 새어 나와서 색깔도 하얗게 변해버려요. 최대한 손의 온도가 닿지 않게 일회용 비닐장갑을 끼고 빠른 속도로 20회 정도 버무리세요.

3. 채 썬 소고기에 양념과 양념 농축액(4)을 넣은 뒤 고루 버무리고,

비닐 백에 육회를 옮겨 밀봉한 뒤 냉장실에 2시간 정도 재우고,

냉장실에 재워둔 육회를 꺼내 그릇에 담아 마무리.

02 짜장

집에서 짜장 만들 땐 춘장을 기름에 볶거나 튀겨 사용하는데요.
고기를 볶으면서 나오는 기름에 춘장을 볶으면 쓰쓸한 맛을 날릴 수 있어요.
여기에 간장을 더하면 풍미와 감칠맛이 깊어진답니다.
마지막에 전분물로 농도를 맞춰 중국집 부럽지 않은 짜장을 완성해보세요.

★ 황금팁 ★

#1
식감과 맛에 따라 써는 크기도 달라요

#2
짜장에 간장을 넣으세요

#3

고기에서 나오는 기름으로 춘장을 익혀요

#4

남은 짜장은 냉동 보관하세요

NO. 02

"짜장"

4 인분

필수 재료
- 양파(1½개)
- 애호박(⅓개)
- 양배추(3장)
- 삼겹살(150g)
- 대파(20cm)

양념
- 간장(1)
- 춘장(2)
- 설탕(1)
- 고춧가루(0.3)
- 다진 생강(0.5)

전분물
- 감자전분(1)
- 물(⅓컵)

1

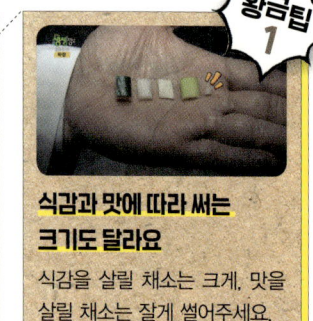

황금팁 1
식감과 맛에 따라 써는 크기도 달라요
식감을 살릴 채소는 크게, 맛을 살릴 채소는 잘게 썰어주세요.

양파, 애호박, 양배추, 삼겹살은 1×1cm 크기로 썰고, 대파는 같은 길이로 송송 썰고,

2

약한 불로 달군 팬에 식용유(⅓컵)를 둘러 작게 썬 삼겹살을 볶고,

중간 불, 센 불에서 삼겹살을 볶으면 고기의 기름이 나오지 않고 타버리기 쉬워요.

황금팁 2
짜장에 간장을 넣으세요
짜장을 볶다 보면 씁쓸한 맛이 나게 되는데요. 간장을 넣으면 간장 속에 들어 있는 수분이 쓴맛을 증발시켜 풍미를 더해주고 조리를 했을 때 재료 전체가 어우러지게 해줘요.

3

황금팁 3
고기에서 나오는 기름으로 춘장을 익혀요
고기에서 나오는 기름으로 춘장을 살짝 익혀주면 알싸한 맛과 씁쓸한 맛이 없어지고, 장 고유의 고소한 맛이 살아나요.

삼겹살의 겉면이 노릇하게 변하면 간장(1), 춘장(2)을 넣어 1분간 볶고,

설탕(1), 고춧가루(0.3), 다진 생강(0.5)과 손질한 채소를 넣어 중간 불에서 볶고,

양파가 반투명해지면 물(1½컵)을 넣어 바글바글 끓이고,

황금팁 4

남은 짜장은 냉동 보관하세요
사용하고 남은 짜장은 채소가 들어가 있기 때문에 냉장 보관하면 상할 수 있어요. 완전히 식혀서 용기에 담아 냉동 보관했다가 사용할 때는 전자레인지에서 해동해서 사용하세요.

약한 불로 줄여 전분물을 부은 뒤 저어가며 2분간 끓여 마무리.

03 시래기밥

비타민과 미네랄이 풍부한 시래기는 면역력 향상에 도움이 되는 식재료예요.
부드러운 시래기를 맛보려면 삶을 때 소금을 넣고,
충분히 삶은 뒤엔 뚜껑을 덮고 그대로 뜸을 들여주세요.
들기름과 간장으로 간해 밥을 지으면 향긋한 시래기밥이 완성된답니다.

★황금팁★

#1 시래기를 삶을 때는 소금을 넣으세요

#2 시래기를 삶은 뒤 뜸을 들이세요

#3 삶은 시래기는 4회 이상 세척하세요

#4 시래기는 많이 주물러야 양념이 잘 배요

#5 남은 시래기는 냉동 보관하세요

4 인분

NO. 03

"시래기밥"

필수 재료
- 달래(2대)
- 무($\frac{1}{5}$개)
- 삶은 시래기(200g)
- 불린 쌀($3\frac{1}{3}$컵)

양념
- 간장(0.5)
- 들기름(1)

양념장
- 국간장(5)
- 물(1.5)
- 설탕(1)
- 참깨(약간)

황금팁 1

시래기를 삶을 때는 소금을 넣으세요

시래기에 소금을 넣고 삶으면 삼투압 작용이 일어나서 훨씬 빨리 물러져요. 또한 본연의 푸른 색이 살아 있고 부드럽게 잘 끊어져요.

1

황금팁 3

삶은 시래기는 4회 이상 세척하세요

삶은 시래기는 흐르는 물에 4회 이상 세척해서 먼지나 이물질을 제거하세요. 쓴맛도 같이 빠지고 껍질을 따로 벗기지 않아도 질기지 않아요.

황금팁 2

시래기를 삶은 뒤 뜸을 들이세요

소금을 넣고 40분간 삶은 뒤 불을 끄고 뚜껑을 덮어 20분간 뜸을 들이면 시래기가 부드러워져요.

달래는 송송 썰고, 무는 얇게 채 썰고, 삶은 시래기는 6cm 길이로 자르고,

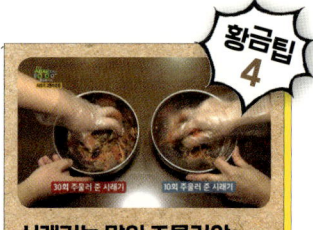

황금팁 4

시래기는 많이 주물러야 양념이 잘 배요.

시래기를 30번 정도 많이 주물러야 양념이 속까지 잘 배어 들어요.

2

삶은 시래기에 양념을 넣어 고루 버무리고,

3

양념장을 만들어 달래를 섞고,

중간 불로 달군 팬에 식용유(2)를 두른 뒤 시래기를 넣어 2분간 볶고,

불린 쌀, 물(1$\frac{2}{3}$컵), 무채, 시래기 순서로 전기밥솥에 넣어 밥을 짓고,

밥이 완성되면 고루 섞어 그릇에 담고 달래 양념장과 곁들여 마무리.

황금팁 5

남은 시래기는 냉동 보관하세요

조리 후 남은 시래기는 냉동 보관해주세요. 손으로 들었을 때 물이 뚝뚝 떨어질 정도로 물기를 남긴 뒤 지퍼백에 평평하게 펴서 보관하면 다음 번에 먹을 때도 질기지 않고 맛있게 드실 수 있어요.

04 바지락술찜

바다 향 가득 머금은 바지락을 하나씩 까먹다 보면 어느새 한 그릇 비우게 되는 요리예요. 알코올로 비린내는 싹 날아가고 쫄깃한 바지락이 달큰한 배추와 조화를 이룬답니다. 버터를 넣으면 느끼할 것 같지만 의외로 시원하면서도 풍미가 좋아져요.

★황금팁★

#1

해감할 때는 스테인리스 숟가락을 넣으세요

#2

버터를 넣으면 맛이 풍부해져요.

NO. 04

"바지락술찜"

필수 재료
- ☐ 배추(4장)
- ☐ 대파(5cm)
- ☐ 해감한 바지락(1kg)

양념
- ☐ 청주(1컵)
- ☐ 버터(1.5)
- ☐ 소금(0.5)

청주 대신 화이트와인을 사용해도 좋아요.

배추는 한입 크기로 썰고, 대파는 송송 썰고,

황금팁 1

해감할 때는 스테인리스 숟가락을 넣으세요
스테인리스 숟가락을 넣으면 소금물과 만나 화학반응을 일으켜 바지락이 모래를 더 빠르게 뱉어내기 때문에 해감 시간이 확 줄어들어요.

황금팁 2

버터를 넣으면 맛이 풍부해져요.
버터를 넣으면 느끼할 것 같지만 버터는 지방 성분으로 이루어져 있어서 술찜에 넣으면 시원한 맛, 감칠맛이 더해져요. 버터가 없다면 마가린으로 대체해도 좋아요.

바지락, 배추, 청주(1컵), 버터(1.5)를 넣어 센 불에서 끓이고,

바지락을 너무 오래 삶으면 질겨져요. 끓이는 시간을 잘 지켜주세요.

바지락이 2~3개 정도 입을 벌리면 물(1컵), 소금(0.5)을 넣어 중간 불로 2~3분간 끓이고,

대파를 넣어 마무리.

05 메밀전

심심한 듯 담백하면서도 구수한 맛에 은근하게 중독되는 메밀전은 반죽을 최대한 얇게 부쳐 재료의 맛을 그대로 살려줘야 맛있어요. 메밀가루는 찬물보다는 따뜻한 물에 반죽해야 더 쫄깃하답니다.

★ 황금팁 ★

#1 따뜻한 물로 반죽하세요

#2 메밀전은 얇고 넓게 부치세요

#3 재료 위에 반죽을 살짝 더 두르세요

2인분

필수 재료
- ☐ 메밀가루(1컵)
- ☐ 부추(4대)
- ☐ 배추김치(2장)

NO. 05

"메밀전"

1

메밀가루에 따뜻한 물(1⅓컵)을 넣어 섞고,

황금팁 1

따뜻한 물로 반죽하세요

찬물보다 따뜻한 물로 반죽하면 더 쫀득쫀득한 메밀전 반죽을 만들 수 있어요. 국자로 떴을 때 물 흐르듯 반죽이 흐르면 돼요.

2

중간 불로 달군 팬에 식용유(1)를 두른 뒤 반죽(1⅓컵)을 부어 얇게 펴고,

황금팁 2

메밀전은 얇고 넓게 부치세요

메밀전은 파전이나 녹두전과 달리 얇고 넓게 부쳐야 고소한 향과 맛을 제대로 느낄 수 있어요.

황금팁 3

재료 위에 반죽을 살짝 더 두르세요

반죽 한 컵을 두른 후 그 위에 반죽을 살짝 뿌려주면 뒤집어 익힐 때도 분리되지 않고 잘 부쳐져요.

3

반죽이 마르기 전에 부추, 김치를 올린 뒤 그 위에 메밀 반죽을 살짝 뿌리고,

4

뒤집어서 앞뒤로 1분씩 노릇하게 부쳐 마무리.

06 라볶이

분식계 최고의 콜라보 메뉴 라볶이! 라면과도 떡볶이와도 또 다른 매력이 있죠.
맛집 비법은 양념장에 고추장을 넣지 않는 것인데요.
고춧가루로만 맛을 내면 특유의 텁텁함도 없고 재료들이 불지 않게 해준답니다.
어묵은 한 번 데친 뒤 센 불에 볶아 넣으면 쫄깃한 맛이 유지돼요.

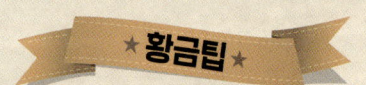

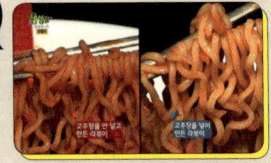

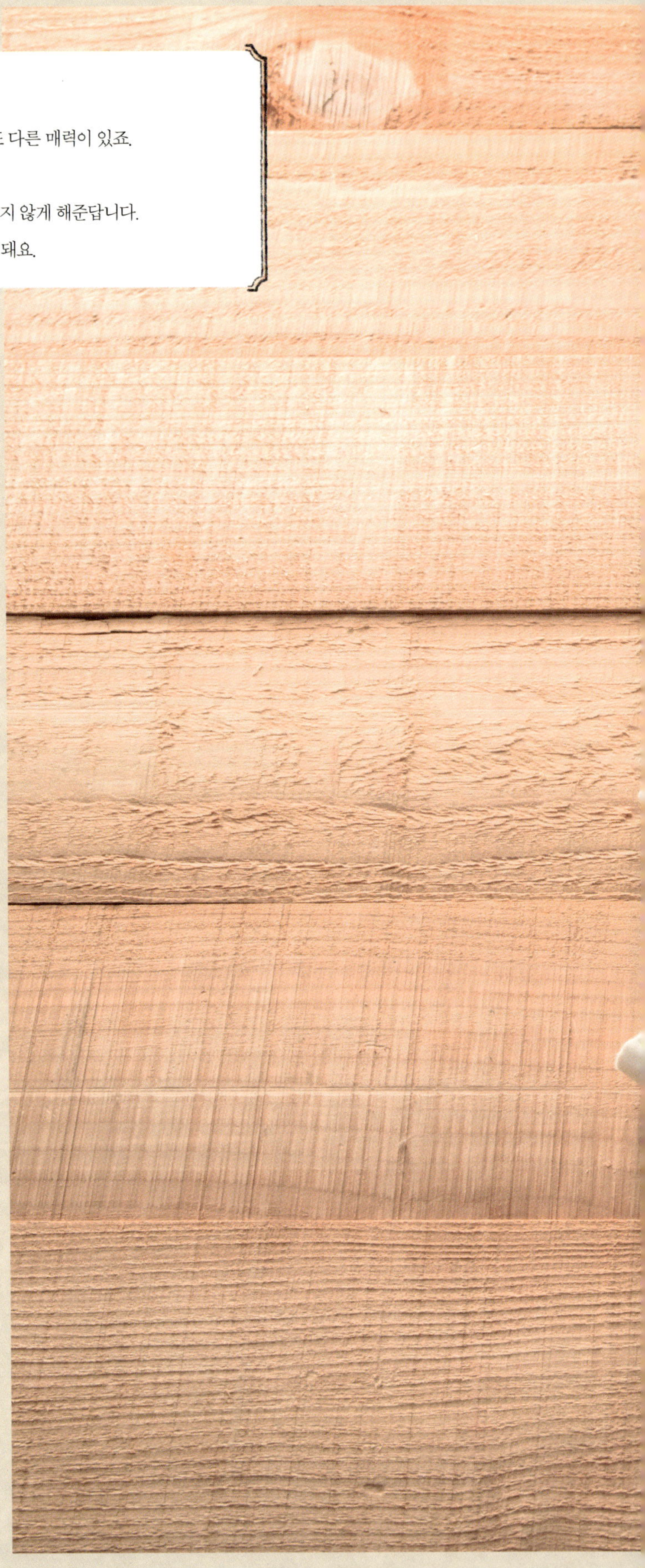

★황금팁★

#1

고추장을 넣지 말고 만들어보세요

↓

#2

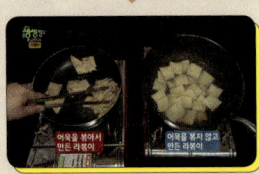

어묵은 삶은 뒤 한 번 볶으세요

 **3인분**

NO. 06

"라볶이"

필수 재료
- 양파(½개)
- 양배추(2장)
- 사각 어묵(2½장)
- 다시마(4×6cm, 4장)
- 쌀떡(8개),
- 라면사리(1개)

선택 재료
- 삶은 달걀(2개)
- 군만두(2개)

양념
- 설탕(5)
- 고운 고춧가루(6)
- 간장(2)

1

양파, 양배추는 굵게 채 썰고, 사각 어묵은 한입 크기로 썰고,

어묵은 버리지 마세요.

2

다시마를 오래 끓이면 쓴맛이 나므로 바로 건져주세요.

냄비에 물(4½컵), 어묵, 다시마를 10분간 담근 뒤, 중간 불로 끓이다가 물이 끓어오르면 불을 끄고 다시마와 어묵을 건지고,

황금팁 1

고추장을 넣지 말고 만들어보세요.

고추장이나 발효된 양념장을 넣으면 분산력이 뛰어나기 때문에 겉표면이 빨리 붇게 돼요. 마른 고춧가루는 재료 속에 들어 있는 수분을 흡착하는 성질을 갖고 있기 때문에 재료가 빨리 붇지 않고 맛도 훨씬 깔끔해져요.

센 불로 달군 팬에 삶은 어묵을 넣어 3분간 볶고,

어묵은 삶은 뒤 한 번 볶으세요

삶은 어묵을 센 불에서 3분간 볶으면 수분이 날아가 쫄깃해지고 라볶이에 넣었을 때 붙지 않아요.

간장은 처음부터 넣지 않고 모든 재료가 다 끓을 때 넣어야 쓴맛이 안 나요.

중간 불로 달군 팬에 육수, 쌀떡, 손질된 채소, 어묵, 설탕(5), 고운 고춧가루(6)를 넣고 바글바글 끓으면 간장(2)을 넣고,

어묵과 채소들이 떠오르면 라면사리, 삶은 달걀을 넣어 3분간 뒤적이며 볶고,

그릇에 담고 군만두를 곁들여 마무리.

07 메밀비빔국수

아무리 먹어도 질리지 않는 면요리를 찾는다면 주목하세요.
각종 과일과 채소를 갈아 만든 양념장이 구수한 메밀면과 어우러져 깊은 맛을 낸답니다.
비법 양념장의 포인트는 오이를 갈아 넣는 것이에요.
상큼함을 더해줄 뿐 아니라 양념장의 농도도 알맞게 조절해줘요.

★ 황금팁 ★

#1 양념장에 오이를 넣으세요

#2 양념장은 냉장실에서 숙성해요

#3 면 길이로 면 삶는 물 양을 조절하세요

#4 면을 삶을 때 소주를 넣으세요

NO. 07 "메밀비빔국수"

필수 재료
- 다진 소고기(100g)
- 메밀면(3줌=150g)

소고기양념 재료
- 소고기 간 것(100g)
- 국간장($\frac{1}{2}$컵)
- 물(1컵)

과일채소양념 재료
- 사과($\frac{1}{2}$개)
- 배($\frac{1}{2}$개)
- 양파($\frac{1}{2}$개)
- 오이($\frac{1}{2}$개)

비법양념장 재료
- 설탕(5)
- 고운 고춧가루(1컵)
- 다진 생강(0.4)
- 다진 마늘(1)
- 송송 썬 대파($\frac{1}{2}$컵)
- 후춧가루(0.5)

양념
- 국간장($\frac{1}{2}$컵)
- 소주(3)

1

냄비에 **소고기양념 재료** 넣어 약한 불로 5분간 끓인 뒤 한 김 식히고,

황금팁 1

양념장에 오이를 넣으세요

양념장에 오이를 갈아서 넣으면 청량감을 주는 것은 물론, 육수를 넣지 않아도 충분히 수분 보충을 해줘 양념장의 농도 조절도 가능해요.

2

믹서에 **과일채소양념 재료**를 갈아 소고기양념, **비법양념장 재료**와 섞어 냉장실에 1시간 정도 숙성하고,

황금팁 2

양념장은 냉장실에서 숙성해요

양념장에 과일, 고기, 채소와 같은 재료를 많이 넣기 때문에 1시간 정도 냉장실에 두어 숙성을 해야 빛깔이 곱고 입자도 거칠지 않고 깊은 맛이 나요.

3

냄비에 뜨거운 물(5컵), 소주(3)를 넣은 뒤 면을 넣어 중간 불로 7분간 삶고,

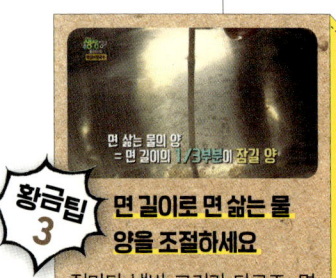

황금팁 3

면 길이로 면 삶는 물 양을 조절하세요

집마다 냄비 크기가 다르죠. 면 삶는 물의 양은 면 길이의 ⅓ 정도가 잠길 정도면 적당해요.

황금팁 4

면을 삶을 때 소주를 넣으세요

끓는 물에 소주를 넣고 삶으면 소주가 단백질을 굳혀주는 역할을 해 탄력 있고 쫄깃쫄깃한 면발을 만들 수 있어요.

삶은 면은 찬물에 씻어 전분기를 없앤 뒤 체에 밭쳐 물기를 제거하고,

숙성된 비법양념장을 올려 마무리.

08 약밥 & 견과류강정

쫀득쫀득 달콤 짭조름한 찰밥에 각종 견과류로 씹는 맛을 살린 약밥은
출출할 때 속을 달래기에 안성맞춤인 간식이죠.
전기밥솥을 이용하면 손쉽게 완성할 수 있답니다.
양념은 나중에 넣어야 찰기 있는 약밥이 완성돼요.

★ 황금팁 ★

#1 양념을 나중에 넣어서 찌세요

#2 양념을 넣기 전에 찰밥을 한 번 뒤적여주세요.

NO. 08

"약밥 & 견과류강정"

4 인분

필수 재료
- 건대추(10개)
- 깐 밤(10개)
- 불린 찹쌀(3$\frac{1}{3}$컵=500g)
- 건포도($\frac{1}{3}$컵=70g)

대추 소스
- 대추가루(6)
- 황설탕(3$\frac{1}{3}$컵)
- 물(1$\frac{2}{3}$컵)

> 대추가루는 건대추(15개)를 믹서에 갈아주세요.

양념
- 소금(0.5)
- 간장(2)
- 참기름(2)

건대추는 씨를 빼 굵게 썰고, 깐 밤은 반 가르고,

냄비에 대추가루를 제외한 **대추 소스** 재료를 넣고 설탕이 녹을 때까지 젓지 않고 센 불로 끓이고,

끓기 시작하면 약한 불로 줄여 대추가루를 넣어 고루 섞은 뒤 불을 꺼 한 김 식히고,

황금팁 1

양념을 나중에 넣어서 찌세요.

양념을 넣고 찌면 양념 밀도가 높아 찹쌀에 열이 골고루 침투되지 않아서 설익을 수 있어요. 먼저 찹쌀을 충분히 익힌 후 양념을 넣어서 익히면 더욱 맛있는 약밥을 만들 수 있어요.

물에 소금(0.5)을 섞은 뒤 전기밥솥에 찹쌀, 밤과 함께 넣어 15분간 취사하고,

대추 소스, 간장을 섞어 두 번 나누어 넣고 뒤적여주면 찰밥에 양념이 고루 배요.

황금팁 2

양념을 넣기 전에 찰밥을 한 번 뒤적여주세요.

취사한 밥을 꺼내서 한 번 섞어주면 양념이 훨씬 잘 배어들어요. 양념은 2번에 나눠서 넣으세요.

찹쌀밥에 대추 소스(½컵), 간장(2), 대추, 건포도를 넣어 고루 섞은 뒤 5분간 취사하고,

참기름(2)을 넣어 고루 섞은 뒤 넓게 펴 실온에 10분간 식혀 먹기 좋게 썰어 마무리.

Plus Recipe 견과류강정

필수 재료 호두(20알), 크랜베리(5), 캐슈너트(6), 아몬드(5), 튀밥(1컵), 호박씨(3), 해바라기씨(3)
강정시럽 올리고당(2), 조청(2), 대추 소스(4)

1. 팬에 강정시럽 재료를 넣어 약한 불로 젓지 않고 끓이고,
   tip: 처음부터 저어주면 만들고 난 뒤 강정이 딱딱해지고 자를 때 부서져요.
2. 끓기 시작하면 호두, 크랜베리, 캐슈너트, 아몬드, 튀밥, 호박씨, 해바라기씨를 넣어 시럽과 잘 뭉쳐질 때까지 뒤적인 뒤 불을 끄고, tip: 강정이 눌어붙지 않도록 모든 재료들이 들어가서 어우러지는 순간부터 조리 끝까지 계속 저어주어야 해요.
3. 넓은 판에 견과류강정을 밀대로 잘 편 뒤 30분간 실온에서 식혀 마무리.

09 김치비빔국수

집에 있는 재료로 간단하게 해먹을 수 있는 김치비빔국수예요.
양념비빔장의 황금비율을 기억해두면 훨씬 맛있게 만들 수 있답니다.
소면을 삶을 때 찬물을 넣어줘야 면에 탄력이 생겨요.

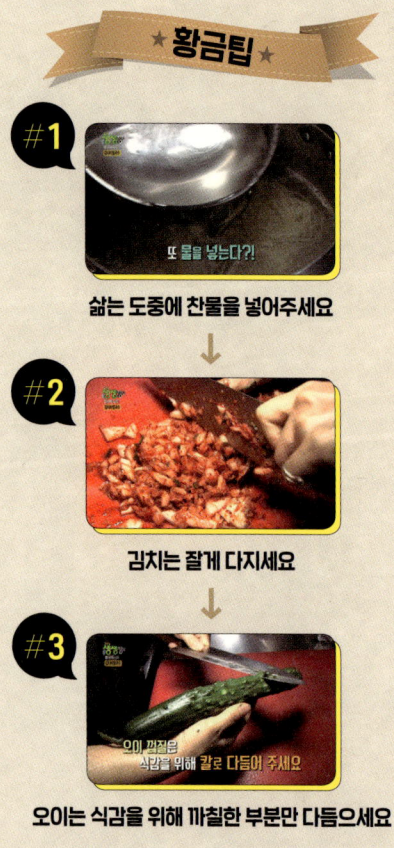

★ 황금팁 ★

#1 삶는 도중에 찬물을 넣어주세요

#2 김치는 잘게 다지세요

#3 오이는 식감을 위해 까칠한 부분만 다듬으세요

필수 재료
- 오이($\frac{1}{2}$개)
- 배추김치(3장)
- 소면(2줌=100g)

비빔양념장
- 설탕(2)
- 고춧가루(2)
- 청양 고춧가루(1)
- 간장(2)
- 고추장(2)

양념장의 비율은 고추장, 고춧가루, 청양 고춧가루 비율이 1:1:0.5면 맛이 좋아요.

양념
- 참기름(1.5)
- 참깨(1)

NO. 09

"김치비빔국수"

1

비빔양념장을 만들고,

2

오이는 얇게 채 썰고, 배추김치는 굵게 다지고,

3

냄비에 물(14컵=2.8L)을 넣고 센 불에 끓으면 소면을 펼치듯 넣어 3분간 저어가며 삶고,

황금팁 1
면 삶는 도중에 찬물을 넣어주세요.
소면을 삶을 때 중간에 찬물을 넣으면 면이 퍼지지 않아요. 쫄깃한 맛을 살리기 위해 찬물을 넣고 2분 정도 더 끓이세요.

찬물(3컵)을 넣어 2분간 더 삶은 뒤 소면을 건져 흐르는 물에 헹궈 체에 밭쳐 물기를 제거하고,

황금팁 2
김치는 잘게 다지세요
김치를 잘게 다지면 김치 맛이 국수에 배어 배합이 잘되고 맛이 어우러져서 깊은 맛이 나요. 김치 국물을 안 넣어도 제맛이 나요.

찰진 김치비빔국수의 핵심은 손으로 치대듯이 비벼주는 것이에요. 양념이 골고루 배고 면이 잘 퍼지지 않아 식감이 좋아져요.

볼에 삶은 소면, 비빔양념장, 다진 김치, 채 썬 오이, 참기름(1.5), 참깨(1)를 넣어 힘을 주며 치대듯 고루 버무려 마무리.

황금팁 3
오이는 식감을 위해 까칠한 부분만 다듬으세요
오이는 껍질을 까지 않고 식감을 살리기 위해서 까칠한 부분만 칼로 잘 다듬어주세요.

10 동지팥죽 & 팥칼국

팥죽을 좋아하는데 시중에서 파는 것은 너무 달아서 아쉬웠다고요?
집에서 직접 만들어 취향대로 즐겨보세요.
팥 삶은 때 첫물은 버리고, 껍질은 걸러줘야 깔끔해요.
맛집에서는 새알심에 멥쌀가루 섞어서 익반죽했답니다.
이렇게 하면 새알심이 서로 달라붙는 걸 막을 수 있다고 해요.

★황금팁★

#1

팥을 처음 삶은 물은 버리세요

↓

#2

멥쌀가루를 쓰면 달라붙지 않아요

↓

#3

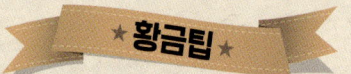

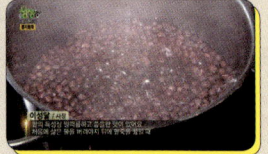

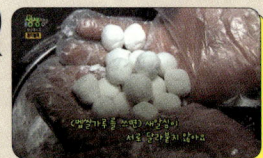

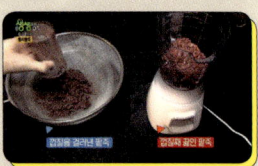

팥 껍질을 걸러내고 끓이세요

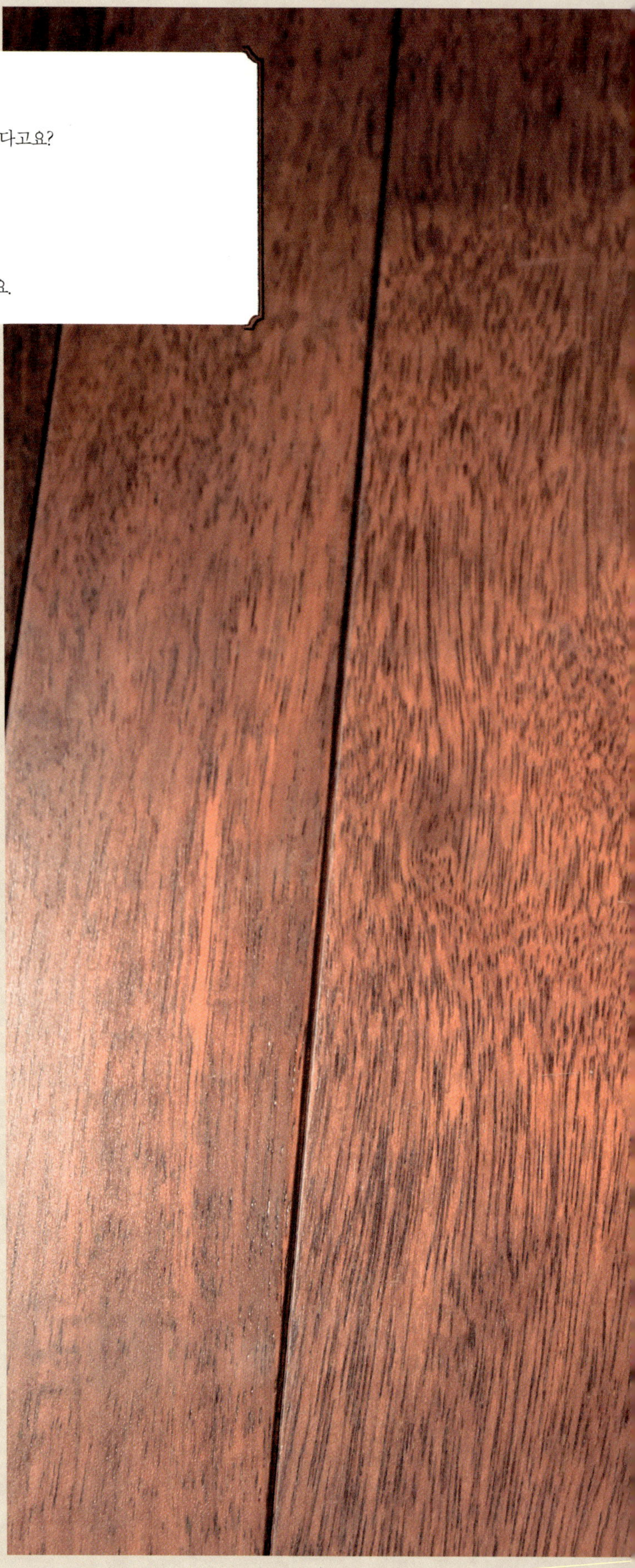

4인분

필수 재료
- 팥(3컵=500g)
- 찹쌀가루(3컵)
- 멥쌀가루($\frac{1}{2}$컵)

양념
- 소금(1)

NO. 10

"동지팥죽 & 팥칼국수"

1. 냄비에 팥과 물(6컵)을 넣어 센 불로 30분간 끓인 뒤 건져 흐르는 물에 헹구고,

황금팁 1

팥을 처음 삶은 물은 버리세요

팥은 떨떠름하고 씁쓸한 맛이 있어요. 처음에 삶은 물은 버려 주세요. 그러면 팥죽을 끓일 때 훨씬 깔끔한 팥죽을 만들 수 있어요.

2. 데친 팥에 물(6컵)을 넣은 뒤 센 불에서 40분간 끓여 손으로 으깨질 정도까지 익히고,

팥 삶은 물은 버리지 마세요.

황금팁 2

팥 껍질을 걸러내고 끓이세요

껍질까지 넣으면 팥 향이 많이 날 것 같지만 도리어 텁텁한 맛이 나요. 또한 팥에서 나오는 씁쓸한 뒷맛이 남기 때문에 껍질을 거르고 만들어야 진정한 팥죽의 맛을 낼 수 있어요.

3. 볼 위에 체를 받쳐 삶은 팥을 올리고 물(6컵)을 나눠 넣으며 팥을 으깬 뒤 팥 삶은 물과 체에 내린 팥물을 섞고,

황금팁 3

멥쌀가루를 쓰면 달라붙지 않아요
새알심을 만들 때 멥쌀가루를 넣어 버무리면 끓였을 때 서로 달라붙지 않아요.

4

찹쌀가루, 뜨거운 물($\frac{2}{3}$컵)을 섞어 손가락이 들어갈 정도로 익반죽한 뒤 1.5cm 크기로 동그란 새알심을 만들고,

5

새알심에 멥쌀가루를 넣어 버무리고,

6

새알심이 냄비에 눌어붙지 않도록 저어 주세요.

팥물(10컵)을 냄비에 넣어 센 불에서 10분간 끓인 뒤 새알심, 소금(1)을 넣고 중간 불로 7분간 끓여 마무리.

Plus Recipe 팥칼국수 2인분

필수 재료 팥물($6\frac{2}{3}$컵), 칼국수면(200g), 소금(1)

1. 냄비에 팥물($6\frac{2}{3}$컵)을 넣고 센 불에서 10분간 끓이고,
2. 끓어오르면 칼국수면, 소금을 넣고 눌어붙지 않도록 중간 불에서 7분간 저어가며 끓여 마무리.

11 반숙 오므라이스

특별한 음식은 아닌데 가끔씩 생각나는 메뉴예요.
하지만 생각만큼 맛있는 오므라이스를 만나기는 쉽지 않은데요.
몽글몽글 입에서 살살 녹는 반숙 달걀이 포인트죠.
맛집 비법은 생크림으로 부드럽고 고소한 맛을 내는 거예요.

★ 황금팁 ★

#1

생크림을 넣어주세요

#2

알끈이 풀어질 때까지 저어주세요

2 인분

필수 재료
- 양파(½개)
- 당근(⅓개)
- 베이컨(60g)
- 달걀(4개)
- 밥(2공기)

> 밥을 지을 때 불린쌀, 물의 비율을 1:1비율로 하고 올리브유도 약간 넣어주세요.

비법 양념
- 소금(0.3)
- 생크림(0.5)

양념
- 다진 마늘(1)
- 소금(0.3)
- 굴소스(1)
- 버터(0.4)

데미글라스 소스
- 설탕(1)
- 물(½컵)
- 데미글라스 소스(1컵)
- 케첩(½컵)
- 굴소스(1)
- 버터(0.5)

NO. 11

"반숙 오므라이스"

1

> 달걀은 알끈을 제거해 곱게 풀어 주세요.

양파, 당근, 베이컨은 잘게 다지고, 볼에 달걀, 비법 양념을 넣어 곱게 풀고,

황금팁 1

생크림을 넣어주세요

생크림은 유지방 함량이 36%나 되기 때문에 달걀과 같이 요리했을 때 딱딱하게 굳지 않고 부드럽고 고소한 맛을 낼 수 있어요.

2

중간 불로 팬을 달궈 식용유(2), 다진 마늘(1)을 넣어 향을 낸 뒤 데미글라스 소스 재료를 넣어 3~4분간 걸쭉하게 끓이고,

황금팁 2

알끈이 풀어질 때까지 저어주세요

달걀물에서 알끈을 제거하지 않으면 색이 고르게 나오지 않아요. 알끈이 풀어질 때까지 약 50번 정도 저어주세요. 들어 올렸을 때 달걀물이 따라 올라오지 않으면 돼요.

3

약한 불로 팬을 달궈 식용유(2), 베이컨, 다진 채소, 소금(0.3)을 넣고 2분간 볶은 뒤 밥, 굴소스(1)를 넣어 밥이 노릇해질 때까지 볶고,

4

> 밥을 3cm 높이로 평평한 모양을 잘 잡아줘야 달걀을 올릴 때 어렵지 않아요.

밥공기에 밥을 눌러 담아 접시에 뒤집어 담은 뒤 럭비공 모양으로 윗부분이 평평하게 모양을 잡고,

달걀물 가장자리의 익은 부분을 가운데로 저어 물처럼 묽게 익혀주는 것이 중요해요.

지름 20cm 만의 팬이 반숙 라이스를 만들기 가장 적합해요.

중간 불로 달군 팬에 식용유(2), 버터(0.4)를 넣어 녹인 뒤 달걀물을 붓고 가장자리가 하얗게 올라오면 나무젓가락으로 저어주고,

달걀물이 몽글몽글해지면 가장자리를 정리하며 반으로 접어 팬의 손잡이 부분을 쳐 반동으로 밑부분이 올라오도록 모양을 잡고,

달걀을 반대쪽으로 뒤집은 뒤 10초간 익혀 볶은 밥 위에 얹고 데미글라스 소스를 주위에 둘러 마무리.

12 굴전

바다 향 가득한 굴전은 제철에 맛보아야 할 별미 중의 별미인데요.
물기 많은 굴을 전으로 부치려면 은근히 까다롭죠.
자칫하면 흐물흐물 부침옷이 벗겨지고, 굴을 데쳐 넣으면 옷이 두꺼워지기 십상이에요.
굴의 물기를 충분히 뺀 뒤 약한 불에서 서서히 익혀주세요.

★황금팁★

#1 굴은 소금물로 씻으세요

#2 굴은 물기를 빼서 전으로 부치세요

#3 약한 불로 굴전을 부치세요

필수 재료
- 굴(300g)
- 밀가루(6)
- 달걀물(2개)

> 달걀은 볼에 곱게 풀어주세요.

양념장
- 굵은 고춧가루(0.5)
- 송송 썬 대파(1)
- 간장(1)
- 물(2)
- 참기름(0.5)
- 참깨(1)

양념
- 소금(1)

NO. 12

"굴전"

1

굴을 소금물(소금1+ 물3컵)에 넣어 깨끗이 씻고, 흐르는 찬물에 헹군 뒤 체에 받쳐 3분간 두고,

황금팁 1

굴은 소금물로 씻으세요
굴을 맹물에 씻으면 이물질이 남을 수 있어요. 표면의 점액질을 소금물로 씻어서 잘 빼고, 마지막에 흐르는 물로 헹궈야 깨끗하고 뽀얗게 돼요.

2

양념장을 만들고,

3

굴에 밀가루→달걀물 순으로 고루 입히고,

황금팁 2
굴은 물기를 빼서 전으로 부치세요
생굴은 튀김옷이 잘 입혀지지 않고 데쳐서 부친 것은 튀김옷이 너무 두꺼워져요. 체에 받쳐 물기를 빼고 부쳐야 가장 적당해요.

약한 불로 굴전을 부치세요

굴전은 약한 불에서 익혀야 타지 않고 골고루 익어서 식감을 살릴 수 있어요.

약한 불로 달군 팬에 식용유(2)를 두른 뒤 굴전을 올려 부침옷에 기포가 올라오면 약 30초간 앞뒤로 뒤집고,

굴전을 그릇에 담고 양념장과 곁들여 마무리.

13 충무김밥

고기잡이를 나가는 남편을 위해 간단히 먹을 수 있게 만들었다는 충무김밥은
밥이 쉽게 상하지 않도록 밥과 속을 따로 싼 것이 특징이에요.
매콤 새콤한 오징어무침과 아삭한 석박지가 별미 중의 별미죠.
오징어무침 양념장에 밥을 섞으면 재료가 더 잘 어우러지고 깊은 맛이 나요

★ 황금팁 ★

#1 무는 연필 깎듯이

#2 김의 끝부분에 물을 묻히세요

#3 김밥 손쉽게 말기

NO. 13

"충무김밥"

필수 재료

- 김밥용 김(4장)
- 쪽파(5대)
- 손질오징어(2마리)
- 밥(3공기)
- 무(1½개)
- 다시마(1장=5×5cm)

> 밥을 지을때 불린 쌀, 물의 비율을 1:1로 하고 청주를 약간 넣어주세요.

무침양념장 재료

- 양파(1개)
- 무(½개)
- 청고추(3개)
- 홍고추(3개)
- 생강(½톨)
- 밥(2)
- 설탕(3)
- 고춧가루(10)
- 다진 마늘(2)
- 굵은 소금(3)
- 물(2)
- 멸치액젓(2)

섞박지 절임재료

- 굵은 소금(3)
- 사이다(1컵)

양념

- 청주(⅓컵)
- 소금(0.3)
- 식초(2)

1

> 사이다에 절인 섞박지는 탄수화물 성분이 들어있어 무의 밀도가 높아져요. 그래서 양념에 물이 덜 생기고 무에서 양념이 떨어지지 않고 잘 달라붙게 돼요.

무는 깨끗이 씻어 연필 깎듯이 썬 뒤 섞박지 절임재료를 넣어 버무려 2시간 동안 절이고,

황금팁 1

무는 연필 깎듯이

무를 연필 깎듯이 썰어주세요. 한쪽 면은 반드시 껍질이 붙어 있게 자르면 보관 기간이 훨씬 길어지고 양념도 더 잘 배요. 껍질 있는 면과 안쪽 면이 한 덩이가 되게 자르면 돼요.

2

> 무침양념장에 밥을 넣으면 고소한 맛도 강하고 양념장의 묽기 조절도 잘돼요.

김밥용 김은 8등분하고, 쪽파는 5cm 길이로 자르고, 무침양념장 재료는 믹서에 넣어 곱게 갈고,

황금팁 2

김의 끝부분에 물을 묻히세요

김의 끝 부분에 물을 묻히세요. 눅눅해지지 않게 1cm만 담가주는 것이 핵심이에요.

3

밥에 소금(0.3)을 넣어 간한 뒤 초밥 모양을 만들어 김에 올려 돌돌 말고,

황금팁 3

김밥 손쉽게 말기

김의 물 묻은 부분을 위로 향하게 놓고 묻지 않은 부분은 손가락으로 고정시킨 채 밥을 올리고 굴려주세요. 간단하게 김밥을 말 수 있어요.

절인 무를 받쳐 20분간 물기를 제거해
무침양념장(1컵)을 넣어 고루 버무리고,

냄비에 물(8컵), 다시마, 무($\frac{1}{6}$개)를 넣어 센 불로 끓인 뒤
오징어를 넣어 몸통이 말리기 시작하면 몸통은 꺼내고 다리 부분은
1분간 더 데쳐주고,

실온에 10분간 식힌 뒤 몸통은 뒤집어
한입 크기로 썰고, 무침양념장(2컵), 식초(2), 쪽파를 넣어
버무린 뒤 섞박지, 김밥과 곁들여 마무리.

14 아보카도 명란 비빔밥

버터처럼 부드러운 맛을 내는 아보카도에 짭조름한 명란을 곁들이면
다른 재료나 양념이 없어도 훌륭한 비빔밥이 완성돼요.
간단하면서도 맛있게 한 끼 해결하고 싶을 때 최고의 메뉴죠.
맛집에서는 양파밥을 지어 염도를 조절하고 풍미도 더했어요.

★ 황금팁 ★

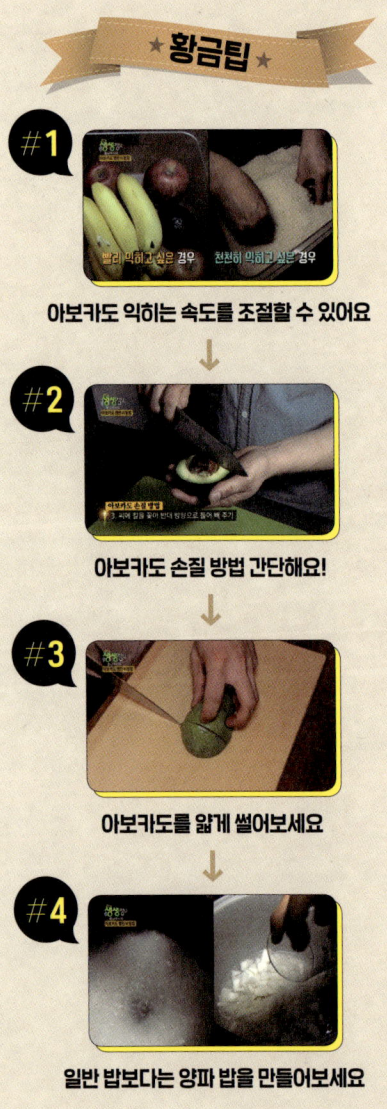

#1 아보카도 익히는 속도를 조절할 수 있어요

#2 아보카도 손질 방법 간단해요!

#3 아보카도를 얇게 썰어보세요

#4 일반 밥보다는 양파 밥을 만들어보세요

필수 재료

- □ 양파(1개)
- □ 아보카도(½개)
- □ 명란젓(2개)
- □ 불린 쌀(2컵)
- □ 달걀(1개)
- □ 무순(10개)

양념

- □ 참기름(0.5)

NO. 14
"아보카도 명란 비빔밥"

황금팁 1

아보카도 익히는 속도를 조절할 수 있어요

아보카도를 처음 사면 대부분 덜 익은 초록색이죠. 빨리 익히고 싶다면 과일과 함께 두고, 천천히 익히고 싶다면 쌀통 속에 묻어보세요.

황금팁 2

황금팁 3

아보카도를 얇게 썰어 보세요

아보카도를 2~3mm 정도로 얇게 썰면 다른 재료들과 잘 어우러지고 비벼 먹기 좋아져요.

양파는 1cm 크기로 썰고, 아보카도는 껍질과 씨를 제거해 0.2cm 두께로 썰고,

아보카도 손질 방법 간단해요!

아보카도에 칼을 넣어 세로 방향으로 360도 돌려주고, 살짝 비틀어 반으로 쪼갠 뒤 씨는 칼을 꽂아 반대 방향으로 틀어 빼고, 숟가락으로 과육만 돌려 파내 껍질과 분리하세요.

명란젓은 흐르는 물에 양념을 씻어낸 뒤 가운데를 칼로 갈라 알만 긁고,

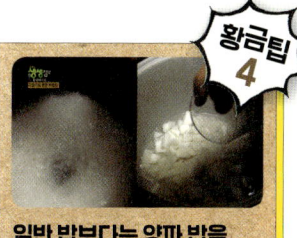

황금팁 4

일반 밥보다는 양파 밥을 만들어보세요

양파가 짠맛을 중화해주고 단백질의 흡수를 도와주기 때문에 전체적으로 맛을 어우러지게 해주며 감칠맛을 높여줘요.

불린 쌀(2컵), 물(1컵), 다진 양파를 전기밥솥에 넣어 밥을 짓고,

약한 불로 달군 팬에 식용유(1)을 두른 뒤 달걀을 넣어 흰자가 익으면 뚜껑을 닫아 불을 끄고 잔열로 1~2분간 익히고,

그릇에 밥(1공기), 무순, 아보카도, 달걀프라이, 명란젓, 참기름(0.5)를 넣어 마무리.

15 프렌치토스트 & 토스트

촉촉한 프렌치토스트를 만드는 비결은 바로 우유예요.
식빵은 달걀물에 살짝만 담갔다 건지고, 부칠 땐 한 번만 뒤집어주세요.
취향에 따라 계핏가루나 슈가파우더를 뿌리고
과일과 아이스크림까지 곁들이면 브런치 메뉴로 손색없어요.

#1

통식빵 두께 2cm 기억하세요

#2

프렌치 토스트엔 우유가 필수

#3

우유는 소주잔 반 잔 정도만

#4

식빵을 달걀물에 30초!

#5

한 번만 뒤집으세요

필수 재료
- 식빵(2장=2cm두께)
- 달걀(2개)
- 우유($\frac{1}{3}$컵)

양념
- 설탕(1)
- 계핏가루(1)
- 버터(1)

NO. 15

"프렌치토스트 & 토스트"

식빵은 사선으로 자르고,

황금팁 1

통식빵 두께 2cm 기억하세요

근처 마트나 제과점에서 쉽게 구할 수 있는 통식빵을 사용해보세요. 입 안 가득 퍼지는 부드러운 식감을 살리기 위해선 식빵의 두께를 2cm 정도로 썰어주는 것이 가장 적당해요.

볼에 달걀(2개), 우유($\frac{1}{3}$컵), 설탕(1), 계핏가루(1)를 넣어 알끈이 풀리도록 곱게 젓고,

황금팁 2

프렌치 토스트엔 우유가 필수

우유를 넣지 않고 달걀로만 프렌치 토스트를 만들 경우 달걀이 익고 나서 딱딱해질 수 있어요. 더군다나 빵 속에 들어 있는 수분까지 가져가게 돼요. 우유를 넣으면 우유의 단백질과 유지방 성분이 빵을 더 부드럽고 촉촉하게 하고 풍미까지 더해줘요.

황금팁 3

우유는 소주잔 반 잔 정도만

우유를 넣을 때는 소주잔으로 반 잔 분량만 넣으세요. 우유가 반 잔보다 조금만 적게 들어가도 촉촉한 식감을 낼 수 없고, 더 많이 들어가면 흐물흐물해져요. 우유의 양이 가장 중요해요.

황금팁 4
식빵을 달걀물에 30초!

식빵을 달걀물에 담가 놓을 때도 촉촉함을 유지하는 비법이 있어요. 우선 한쪽 면을 달걀물에 1분 동안 담가 놓고, 반대쪽 면은 30초 동안 담가 놓으세요. 마지막으로 나머지 부분을 골고루 묻혀주면 돼요.

달걀물에 식빵을 넣어 1분간 담그고 뒤집어서 30초간 적시고,

중간 불로 달군 팬에 버터(1)를 넣어 녹인 뒤 달걀물 적신 식빵을 올려 앞뒤로 고루 익혀 마무리.

황금팁 5
한 번만 뒤집으세요

프렌치 토스트를 여러 번 뒤집으면 수분을 뺏기게 돼요. 딱 한 번만 뒤집어야 촉촉함을 유지할 수 있어요. 한쪽 면을 1분 동안 익히고, 한 번 뒤집어 다른 쪽 면은 30초만 익혀주세요. 나머지 부분은 골고루 돌려가면서 15초씩 익혀주면 돼요.

Plus Recipe 토스트 (1인분)

필수 재료 식빵(2장), 달걀(2개), 양배추(1장), 당근($\frac{1}{6}$개), 슬라이스 치즈(1장), 슬라이스 햄(1장)

특제 양념 볶은 다진 마늘(1), 마요네즈(1), 설탕(1) tip: 다진 마늘을 팬에 식용유(1)와 함께 가볍게 볶아 준비해주세요.

양념 버터(2), 소금(0.3), 케첩(1), 설탕(1)

1. 중간 불로 달군 팬에 버터(1)를 넣어 식빵을 앞뒤로 노릇하게 굽고,
2. **특제 양념** 재료를 고루 섞고, tip: 남은 특제 양념을 식빵, 바게트에 발라 구우면 마늘빵을 만들 수 있어요.
3. 볼에 달걀, 소금(0.3)을 넣어 곱게 푼 뒤 양배추, 당근을 얇게 채 썰어 넣어 섞고,
   tip: 채소가 너무 많으면 뒤집을 때 쉽게 찢어질 수 있으니 달걀물보다 적게 준비해요.
4. 중간 불로 달군 팬에 버터(1)를 넣어 녹인 뒤 달걀물을 부어 식빵과 같은 모양을 잡아 1분 30초간 익힌 뒤 뒤집고,
5. 구운 식빵에 특제 양념(1) → 달걀지단 → 슬라이스 햄 → 슬라이스 치즈 → 케첩(1) → 설탕(1) → 구운 식빵으로 덮어 마무리.

달걀 가장자리가 하얗게 익으면 뒤집어요.

16 빈대떡

부침개 맛집의 시그니처, 빈대떡은 풍부한 재료의 어우러짐만큼이나
녹두 반죽의 농도가 중요한데요. 자칫하면 퍽퍽해지기 쉬워요.
반죽의 물조절은 불린 녹두에 1/3 정도의 물이 최적이에요.
녹두 껍질은 풋내의 원인이 되니 불린 뒤 여러 번 헹궈 껍질을 제거해주세요.

★황금팁★

#1 껍질 깐 녹두를 사용하세요

#2 불린 후 여러 번 헹구세요

#3 덜 익은 김치에는 케첩 한 큰술

#4 반죽은 물 조절이 중요해요

#5 빈대떡 부치는 비법

3인분

필수 재료
- 불린 녹두(5컵=1kg)
- 대파(2대)
- 배추김치(¼포기)
- 삼겹살(300g)
- 숙주(300g)

양념
- 소금(1)
- 다진 마늘(1)
- 후춧가루(약간)
- 참기름(1)
- 참깨(1)

NO. 16
"빈대떡"

1

껍질을 깐 녹두는 맑은 물이 나올 때까지 물로 헹궈요

황금팁 1
껍질 깐 녹두를 사용하세요
껍질이 붙어 있는 녹두는 불려서 씻기도 힘들고 껍질이 많으면 빈대떡에서 풋내가 나요. 껍질 깐 녹두는 시중에서 쉽게 구할 수 있어요.

황금팁 2
불린 후 여러 번 헹구세요
녹두는 서로 달라붙는 성질이 있어서 여러 번 꼭 저어줘야 해요. 차가운 물에서 1시간 동안 불린 뒤 여러 번 헹궈서 남은 껍질을 제거해야 부드러운 식감을 즐길 수 있어요. 맑은 물이 나올 때까지 녹두를 씻어내세요.

불린 녹두는 손으로 비벼 껍질을 깐 뒤 물(3¼컵=400ml)을 넣어 믹서에 곱게 갈고,

2

황금팁 3
덜 익은 김치에는 케첩 한 큰술
익은 김치가 없을 때는 케첩(1)을 넣고 조물조물 케첩이 잘 배도록 무쳐 주세요. 김장 김치의 맛이 날 거예요.

대파는 어슷 썰고, 김치는 굵게 썰고, 삼겹살은 잘게 다지고,

끓는 물(6컵)에 숙주를 넣어 20초간 데쳐 건지고,

3

삼겹살, 양념, 데친 숙주, 김치, 대파 순으로 넣어 버무리고,

황금팁 4

반죽은 물 조절이 중요해요

빈대떡은 들어가는 식재료보다 중요한 것이 물의 양이에요. 불려 놓은 녹두의 1/3 정도 물을 넣었을 때가 가장 적절한 반죽 농도예요. 녹두 속에는 탄수화물보다 단백질 성분이 더 많이 들어 있기 때문에 열을 가하면 수축하고 빨리 굳으며, 뜨거울 때 퍼지는 현상을 볼 수 있어요. 적절한 물의 농도를 맞추면 맛있는 빈대떡을 만들 수 있어요.

물을 한 컵씩 나눠 부으며 섞어줘야 고루 섞여요.

간 녹두와 물(2½컵)을 넣어 고루 섞고,

중간 불로 달군 팬에 녹두 반죽을 올린 뒤 한 면은 3분, 뒤집어가며 3분간 노릇하게 익혀 마무리.

황금팁 5

빈대떡 부치는 비법

녹두는 온도 차이가 크게 나면 기름을 많이 먹어요. 느끼하지 않게 만들려면 부칠 때 같은 온도를 유지해줘야 해요. 팬을 달군 뒤 중간 불로 줄인 후 녹두 반죽을 올리고, 한쪽 면을 3분 동안 익혀주세요. 그다음 뒤집어서 반대쪽은 2분 동안 익히고, 속까지 잘 익도록 빈대떡에 홈을 파 주세요. 마지막으로 다시 뒤집어서 양면을 1분 동안 익히면 완성!

17 전복장

고급 식재료 전복을 이제는 비교적 저렴한 가격에 손쉽게 구할 수 있게 되었는데요.
전복장을 담가두면 쫄깃하면서도 짭조름한 맛에 밥도둑이 따로 없죠.
전복은 청주에 한 번 쪄주면 비린내도 날아가고 식감도 쫄깃해져요.
맛집에서는 각종 채소에 간장과 국간장을 섞어 넣어 깊은 맛을 냈어요.

★황금팁★

#1

전복은 솔로 박박 씻어주세요

↓

#2

전복은 숟가락으로 떼어내세요

↓

#3

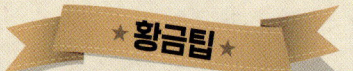

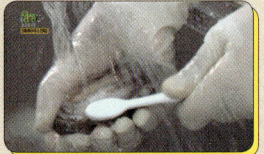

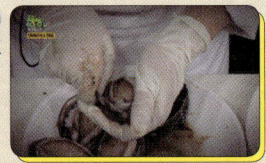

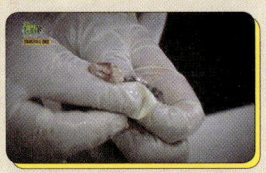

전복은 이빨을 제거해주세요

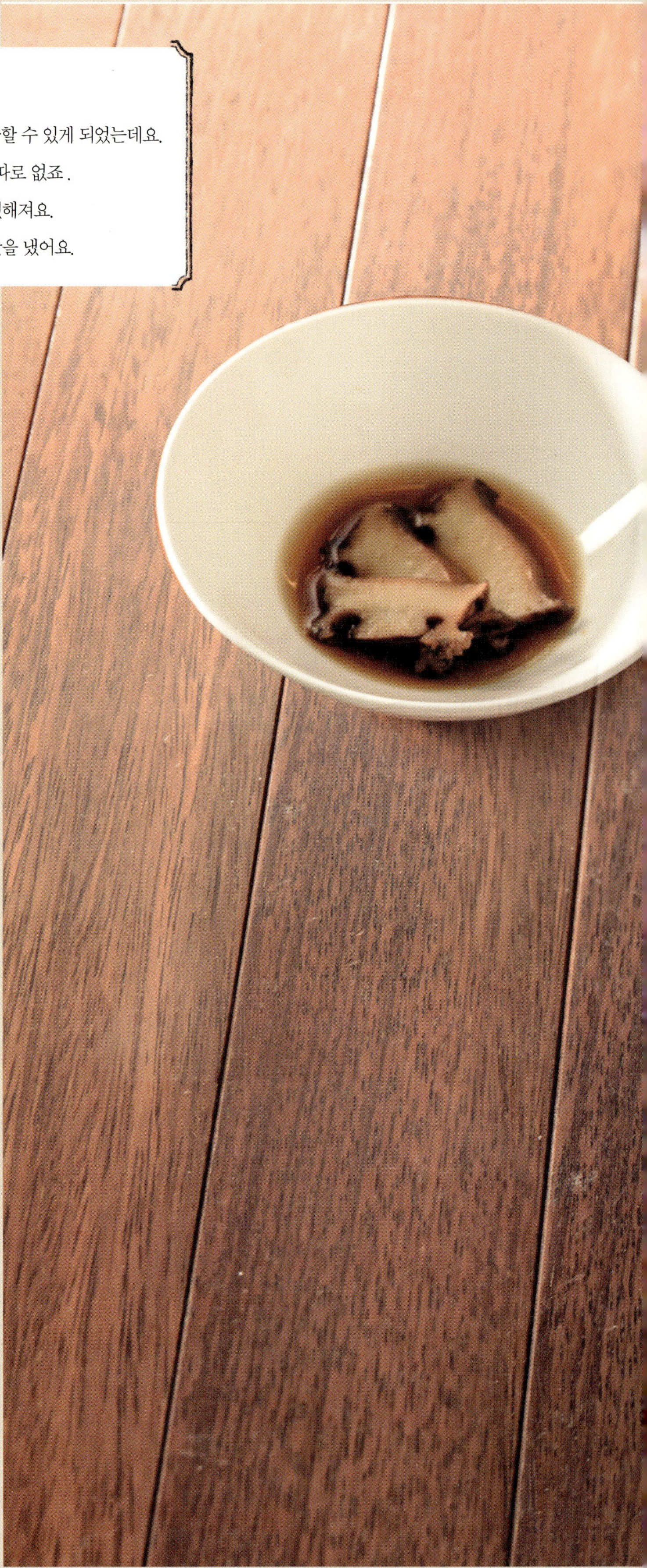

NO. 17

"전복장"

필수 재료
- 전복(5개)

맛간장 재료
- 물(2컵)
- 매실청(1)
- 진간장($\frac{2}{3}$컵)
- 국간장(3)
- 다시마(1장=5×5cm)
- 대추(5개)
- 대파(5cm)
- 양파($\frac{1}{2}$개)
- 무($\frac{1}{5}$개)
- 생강($\frac{1}{2}$톨)
- 마늘(3개)
- 건표고버섯(2개)
- 건고추(2개)

양념
- 청주(3)

> 진간장과 국간장을 섞어서 사용하면 맛간장의 깊은 맛을 살릴 수 있어요.

황금팁 1

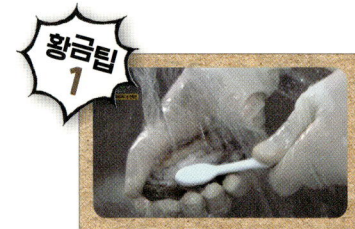

전복은 솔로 박박 씻어주세요
전복은 몸통 곳곳에 끈적끈적한 이끼와 같은 이물질이 끼어 있어요. 흐르는 물에 칫솔이나 수세미로 문질러가며 꼼꼼하게 닦아내야 해요.

1. 솔로 전복을 문질러 깨끗이 씻은 뒤 살만 분리해 이빨과 내장을 제거하고,

황금팁 2

전복은 숟가락으로 떼어내세요
껍데기의 둥근 부분에 붙어 있는 전복 관자는 숟가락을 뒤집어 껍데기와 살 사이에 끼워 넣고 가볍게 원을 그리듯 돌려가며 떼어주세요. 손과 숟가락 하나면 전혀 어렵지 않아요.

황금팁 3

전복은 이빨을 제거해주세요
전복의 움푹 패인 부분에 단단하고 날카로운 이빨이 숨어 있어 잘못 씹으면 입을 다칠 수 있으니 꼭 제거해주세요. 움푹 패인 부분에 작게 칼집을 내고 손으로 힘을 주어 꾹 누르면 쏙 빠져나와요.

> 청주가 없을 때는 녹색 채소를 물에 넣어 전복과 함께 찌면 비린 맛을 잡을 수 있어요.

> 전복을 찌면 전복장을 만들었을 때 부드러운 식감을 살릴 수 있어요.

2. 김오른 찜기에 손질된 전복과 청주(3)를 넣어 10분간 센 불에서 찌고,

냄비에 맛간장 재료를 넣고 센 불에 끓으면 다시마를 건진 뒤 약한 불로 줄여 25분간 끓이고,

건더기를 체에 걸러낸 뒤 한 김 식히고,

전복에 맛간장을 붓고 냉장실에 숙성해 마무리.

18 반숙달걀장

온라인에서 인기몰이를 하다가 편의점까지 진출한 반숙달걀장이에요.
일반 장조림과 달리 간장에 조릴 필요 없이 반숙 달걀을 양념장에 담가주면 끝!
달걀을 반숙으로 익히는 게 가장 큰 포인트랍니다.
실온에 두었다가 달걀을 삶아야 도중에 깨지지 않아요.

★ 황금팁 ★

#1 흐르는 물에서 껍질을 벗기세요

↓

#2 달걀 완벽하게 삶는 법

NO. 18

"반숙달걀장"

필수 재료
- 양파(¼개)
- 홍고추(½개)
- 달걀(8개)

달걀은 사용하기 30분 전에 실온에 꺼내주세요.

간장양념
- 설탕(1)
- 다진 파(2)
- 다진 마늘(1)
- 물(1컵)
- 간장(½컵)
- 올리고당(2)
- 참기름(1)
- 참깨(약간)

양념
- 소금(1)
- 식초(1)
- 설탕(1)

1

양파는 곱게 다지고, 홍고추도 곱게 다지고,

2

간장양념을 만들어 다진 양파, 홍고추를 섞고,

3

냉장고에서 바로 꺼낸 차가운 달걀을 뜨거운 물에 넣으면 압력에 의해 껍데기가 팽창하고 깨지기 쉬워요.

달걀, 물(8컵), 소금(1), 식초(1)를 넣고 센 불에서 6분 끓인 뒤 중간 불로 줄여 5분간 끓이고,

4

황금팁 1

흐르는 물에서 껍질을 벗기세요
달걀 껍데기를 깔끔하게 벗기려면 흐르는 물에서 물을 흘려가며 벗겨주세요. 껍데기가 깔끔하게 떨어져 달걀을 온전한 형태로 보전할 수 있어요.

황금팁 2

달걀 완벽하게 삶는 법
달걀을 물에 끓기 시작한 후부터 30초와 1분 단위로 삶아서 한 번에 비교해봤어요. 기호에 따라 삶는 시간을 조절해서 맛있는 달걀을 드셔보세요.

삶은 달걀을 꺼내 차가운 물에 30분간 담근 뒤 흐르는 물에 껍데기를 벗기고,

5

물(1컵)에 설탕(1)을 넣어 녹인 뒤 간장양념을 넣어 섞고 삶은 달걀을 넣어 냉장실에서 약 12시간 숙성해 마무리.

19 굴국밥

겨울이 제철인 굴은 바다의 우유라 불릴 정도로 영양이 가득하죠.
시원한 맛이 일품인 굴국밥으로 보양요리를 준비해보세요.
신선한 굴은 유백색에 알이 탱글하고 검은 테두리가 선명해요.
물이 끓고 나서 굴을 넣어야 터지지 않고 깔끔하답니다.

★ 황금팁 ★

#1
무와 양파는 작게 썰어요

#2
선명한 굴 고르기

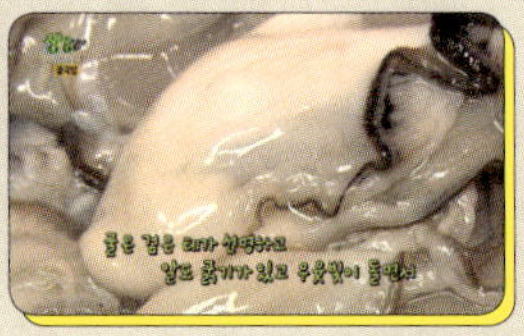

#3
굴은 소금물에 씻으세요

#4
굴은 물이 끓고 나면 넣으세요

NO. 19

"굴국밥"

필수 재료
- 두부($\frac{1}{4}$개)
- 부추(5대)
- 깐굴(100g=10알)
- 자른 미역(0.3)
- 달걀(1개)

육수 재료
- 무($\frac{1}{3}$개)
- 양파($\frac{1}{2}$개)
- 건새우($\frac{1}{2}$컵)
- 건다시마(2장, 10×10cm)
- 청양고추(5개)

육수 양념
- 고운 고춧가루(0.4)
- 굵은 소금(1)
- 맛술(1)
- 국간장(1)
- 후춧가루(약간)

양념
- 굵은 소금(2)
- 다진 파(1)
- 참기름(0.4)

무, 양파는 작게 깍둑 썰고, 두부는 1cm 정사각형 모양으로 썰고, 부추는 5cm 길이로 자르고,

황금팁 1

무와 양파는 작게 썰어요.

굴은 물이 끓고 나면 넣으세요. 굴을 처음부터 넣고 끓이면 내장에서 나오는 쓰고 텁텁한 맛이 생겨요. 또한 굴 특유의 향긋한 맛을 잃어버리게 돼요. 굴국밥을 할 때 굴은 맨 마지막에 넣어야 살이 통통하고 향도 좋아요.

냄비에 물(10컵)을 붓고, 무, 양파와 나머지 육수 재료를 넣어 뚜껑을 닫고 센 불에서 끓이고,

끓기 시작하면 뚜껑을 열고 다시마를 건진 뒤 10분간 더 끓여 나머지 건더기도 건져내고,

육수 양념을 넣어 3분간 끓인 뒤 불을 끄고,

5

소금물(물4컵+굵은 소금2)에 굴을 넣어 씻은 뒤 체에 밭쳐 흐르는 물에 씻어내고,

황금팁 3

굴은 소금물에 씻으세요

굴을 맹물로 씻으면 삼투압 현상 때문에 굴에 있는 이물질들이 다시 달라붙게 돼요. 소금물에 씻어 이물질을 제거한 후 체에 밭쳐 흐르는 물로 씻으세요.

황금팁 2

선명한 굴 고르기

굴은 검은 테가 선명하고 알이 굵으며 우윳빛이 돌고 통통한 것이 좋아요.

6

냄비에 두부, 자른 미역, 육수(2$\frac{2}{3}$컵), 다진 파(1), 참기름(0.4)을 넣어 바글바글 끓인 뒤 굴을 넣어 1~2분간 끓이고,

황금팁 4

굴은 물이 끓고 나면 넣으세요

무와 양파는 작게 썰어요. 재료를 통으로 넣는 것보다 잘게 썰면 육수를 우려내는 시간이 짧아지기 때문에 깍둑썰기로 손질해보세요. 육수 끓이는 시간이 절반 이상 단축돼요.

7

끓어 오르면 달걀을 풀고 부추를 넣은 뒤 불을 꺼 마무리.

index

ㄱ
간장새우	086
간장찜닭	020
갈치조림	120
고등어 김치조림	062
고추잡채	150
고추장삼겹살	154
굴국밥	236
굴전	208
김부각	108
김치비빔국수	196

ㄲ
깻잎장아찌	098
꼬막무침	116
꽃게탕	068

ㄷ
단호박오리찜	050
동지팥죽&팥칼국수	200
돼지고기 김치말이찜	058
돼지고기두루치기	158
돼지고기장조림	094
두부두루치기	162

ㄸ
떡갈비	042

ㄹ
라볶이	184

ㅁ
마포돼지갈비	046
만능생선무조림	112
만능콩나물찜	114
만두전골	038
매운등갈비찜	016
메밀비빔국수	188
메밀전	182
명란달걀말이	104
무생채&무나물	072

ㅂ
바지락술찜	180
반숙달걀장	232
반숙 오므라이스	204
봄동겉절이&봄동된장무침	124
북어콩나물국	082
빈대떡	224

ㅅ	서울식불고기	028
	소고기볶음고추장	080
	소불고기	138
	순대볶음	146
	시래기밥	176

ㅇ	아귀찜	024
	아보카도명란비빔밥	216
	약밥&견과류강정	192
	육회	168

ㅈ	잡채	130
	전복버터구이	034
	전복장	228

ㅉ	짜글이찌개	106
	짜장	172

ㅊ	차돌박이된장찌개	118
	참치김치볶음밥	134
	충무김밥	212

ㅋ	코다리찜	030
	콩나물김칫국	100

ㅍ	파개장	076
	파김치	090
	프렌치토스트&토스트	220

ㅎ	해물볶음면	142

L	LA갈비	054